Présentation

Pour celles et ceux qui ne nous connaîtraient pas encore, **Mister Prépa** est un **collectif d'étudiants de Grandes Écoles** mobilisés au quotidien pour vous aider à réussir vos épreuves, à vous donner les tips qui peuvent vous faire gagner énormément de temps et de points ! Tous les membres de l'équipe sont des personnes désireuses de maintenir un lien avec la Prépa et de **cultiver une émulation intellectuelle en école de commerce**, toujours dans le souci de la **transmission** et de l'**égalité des chances**. Suivis par plusieurs milliers d'étudiants maintenant, nous collaborons avec une quinzaine de Grandes Écoles dans l'optique de vous montrer concrètement les spécificités de chacune d'entre elles et ce qu'elles peuvent vous apporter, **leurs points forts et leurs points faibles, en toute transparence.** Nous sommes précisément passés par ce que vous vivez en ce moment, raison pour laquelle nous voulons être totalement objectifs sur la préparation des écrits et la présentation de ces écoles. ***No bullshit*** ! Bref, en un mot comme en mille : donner de la force aux petites sœurs et aux petits frères pendant ces années si intenses !

Les réseaux sociaux de Mister Prépa :

Instagram
Mister Prépa
liennathan.fr/63qs2s

LinkedIn
Mister Prépa
liennathan.fr/43ztc9

YouTube
Mister Prépa
liennathan.fr/6yt89a

Facebook
Mister Prépa
liennathan.fr/57dk6g

Twitter
Mister Prépa
liennathan.fr/c43r2s

Snapchat
Mister Prépa
liennathan.fr/9irw42

TikTok
Mister Prépa
liennathan.fr/p7t47c

Discord
Mister Prépa
liennathan.fr/77wzr8

Préambule

Chères et chers préparationnaires, la Team Mister Prépa s'est mobilisée pour rédiger ce **Guide pour cracker sa Prépa peu importe votre filière**. L'idée est de vous donner nos meilleurs tips, matière par matière, qui ont fait la différence de notre côté, pour que vous essayiez de les appliquer au mieux. Pas de recette miracle, bien entendu, mais des **pistes de travail bien ciblées** qui devraient vous faire gagner en efficacité ! Malgré la crise sanitaire et les derniers mois délicats que vous avez vécus, il est important de garder le moral, d'avoir le mental et surtout d'avoir confiance en vous et en vos capacités.

Comment travailler et bien aborder l'intégralité de votre Prépa ? Quelle stratégie aborder en fonction de votre année et de votre filière ? Maîtrise du cours, travail sur des annales, des bonnes copies, des rapports de jury… On vous dit tout dans ce livre. Gardez en tête que vous avez fait le choix de la Prépa, voie d'excellence, et que si vous êtes là, c'est que vous avez mérité votre place, alors ne lâchez rien et donnez-vous à fond pour tout exploser !

Ce Guide a été conçu pour vous fournir des conseils complémentaires. Ainsi, pour les carrés et les cubes, il est très important de regarder les conseils donnés à vos bizuths, et inversement. Pour les mathématiques aussi, n'hésitez pas à regarder les astuces des étudiants des autres filières. Ce travail vous permettra de prendre un vrai recul et d'avoir une vision beaucoup plus large et efficiente des attendus du concours.

Mister Prépa

Mister PREPA

Préface d'Alain Joyeux
Président de l'APHEC

Comment CRACKER SA PRÉPA

de la rentrée jusqu'aux concours

Tous les conseils pour bien aborder son année de bizuth, carré ou cube, matière par matière.

Nathan

Direction d'ouvrage :
Par les fondateurs de Mister Prépa
Benjamin Hautin
Dorian Zerroudi

Contributeurs Mister Prépa :
Yovan Augeard (EDHEC) - Yanis Azzouz (EDHEC) – Léo Bedenc (emlyon) – Zakaria Bennis (emlyon) – Samuel Bitton (HEC Paris) – Justine Blanchon (GEM) – Sacha Botton (EDHEC) – Dina Bouadi (NEOMA) – Yves Brionne (HEC Paris) – Élodie Bultel (Audencia) – Lucas Chevasson (KEDGE) – Damien Copitet (SKEMA) – Arthur Costa (EDHEC) – Antoine Dalenconte (ESSEC) – Ismail Dasser (ESSEC) – Auriane Ducherpozat (EDHEC) – Amine El Hajji (HEC Paris) – Léo Favre (HEC Paris) – Dorian Feaux (emlyon) – Élisa De Figuereido (EDHEC) – Julien Godard (ESSEC) – Pierre Godelle (EDHEC) – Kosma Haratsaris (TBS) – Igor Hervier (HEC Paris) – Mehdi Houssifi (HEC Paris) – Cem Isik (ESSEC) – Marvin Ivard (ESSEC) – Ethan Joubioux (Audencia) – Maïwenn Kerzerho (ESSEC) – Khalil Lbadaoui (NEOMA) – Lucie Lemaire (EDHEC) – Paul Llagone (HEC Paris) – Amélie Maïo (GEM) – Marie Mouret (emlyon) – Hugo Nicaise (EDHEC) – Quentin Ninanne (HEC Paris) – Marine Oftinger (Audencia) – Florence Palmero (ESCP) – Matthieu Pereira (emlyon) – Marie Philippe (HEC Paris) – Alexandra Pommier (ESSEC) – Léna Schelker (emlyon) – Téo Soetens (emlyon) – Tala Suoed (NEOMA) – Anaïs Tanner (GEM) – Clémence Tiffaine (ESCP) – Sharmila Torel (Audencia) – Imane Touri (SKEMA) – Julien Vacherot (HEC Paris) – Marion Vittet (ESCP) – Nicolas Wisniewski (ESCP) – Maxime Yahia (Audencia) – Matthieu Zuili (NEOMA)

Coordination éditoriale : Christine Asin, Séverine Martineau
Édition : Marguerite de la Taille
Relecture-correction : Catherine Lainé
Conception maquette : Dany Mourain
Conception couverture : Lucas Cholewa
Mise en pages : Alinéa
Fabrication : Laura Milhomme

ISBN : 978-2-09-167470-4

Préface

Alain JOYEUX
Professeur de chaire supérieure en géopolitique
CPGE ECG du lycée Joffre à Montpellier
Président de l'APHEC (Association des Professeurs
des classes préparatoires économiques et commerciales)

Osez une classe préparatoire économique et commerciale (CPGE EC), vous ne le regretterez pas !

La CPGE EC constitue les deux premières années d'un cursus en cinq ans vers le Master 2 (BAC+5) en écoles de management. Pendant deux ans, au sein d'un lycée, les étudiants préparent les concours d'entrée dans ces écoles. Ces concours n'éliminent pas les candidats, mais servent à les classer et à les répartir dans les 27 écoles accessibles après une CPGE EC. Les candidats sont souvent admis dans plusieurs écoles et choisissent celle qui leur plaît le plus.

Les classes préparatoires, une réussite quasi assurée pour chaque étudiant !
95 % des étudiants qui entrent en première année de Prépa obtiennent en cinq ans un Master 2. Comme il y a autant de places en Grandes Écoles que d'étudiants en Prépa, le risque d'échec est quasi nul. La Prépa est sécurisée : tous les étudiants sont inscrits dans une université partenaire, ce qui facilite les réorientations si besoin. Le coût de la scolarité pendant les deux années de classe préparatoire équivaut à celui d'une inscription à l'université.

La Prépa : pour qui ? Où ?
La CPGE EC n'est pas réservée aux premiers de la classe en terminale. Avoir un dossier équilibré dans les principales disciplines et des appréciations positives est l'assurance d'être admis dans une Prépa. Il faut multiplier les candidatures car certains lycées, plus demandés que d'autres, sont plus sélectifs.
Toutes les CPGE EC, dans l'Hexagone, outre-mer ou à l'étranger, ont le même programme et préparent aux mêmes concours. Leurs professeurs ont le même niveau de qualification, quel que soit le lycée où ils enseignent.
Pourquoi, alors, certaines Prépas ont-elles de meilleurs résultats que d'autres aux concours ? Cela tient au recrutement. Dans certaines Prépas, 30 ou 40 élèves par classe ont le potentiel pour obtenir une « Parisienne » ; dans d'autres, il n'y en a que quatre ou cinq. Mais si l'étudiant a les capacités, il a les mêmes chances d'intégrer les meilleures écoles où qu'il fasse sa Prépa. Il est donc inutile de s'exiler pour faire sa Prépa : être éloigné de sa famille et de ses amis peut constituer un handicap pour bien vivre ses deux années de CPGE.

Les classes préparatoires… ne préparent pas qu'aux concours !
La Prépa permet à ses étudiants d'acquérir des compétences utiles non seulement en école, mais aussi tout au long de la vie professionnelle. En effet, les capacités de synthèse, d'analyse, d'adaptabilité et d'efficacité sont recherchées par les entreprises. Le passage par une Prépa constitue ainsi un solide atout pour la réussite de sa vie professionnelle future.

Une pluridisciplinarité indispensable pour le monde de demain
Pendant deux ans, un étudiant de Prépa fera des mathématiques, de la littérature, de la philosophie, deux langues vivantes et, selon la filière et les parcours choisis, de l'économie, de la sociologie, de la géopolitique, du droit, du management, etc. Par la pluridisciplinarité, la Prépa est la filière qui prépare le mieux à exercer des responsabilités dans un futur proche.

La confiance et la bienveillance, ciment des relations entre étudiants et professeurs de Prépa
Étudiants et professeurs sont animés par un objectif commun : permettre à chaque préparationnaire d'exploiter son potentiel au service de sa réussite. C'est pourquoi l'une des forces de la Prépa, c'est l'accompagnement individualisé des étudiants par les professeurs. Ceux-ci sont de véritables coachs qui ne ménagent pas leur temps et leurs efforts pour délivrer des conseils et encourager chaque étudiant.

La vie étudiante en Prépa : une période épanouissante et structurante
Un étudiant de classe préparatoire travaille beaucoup. Mais la contrepartie est qu'il découvre sans arrêt de nouveaux champs de savoir, il assouvit sa curiosité, il s'enrichit. En Prépa, il ne s'agit pas d'apprendre pour bachoter, mais bien d'apprendre pour comprendre, pour réfléchir. Il est indispensable d'être bien dans son corps et dans sa tête. C'est pourquoi l'équilibre de vie est déterminant. Continuer à pratiquer un peu de sport, avoir une vraie vie sociale, affective et culturelle, ne sont pas des pertes de temps ! Bien au contraire, ce sont des facteurs de réussite, à condition de trouver le bon dosage.
La CPGE EC forge souvent des liens indéfectibles entre les étudiants d'une même promotion. Le réseau des anciens d'une classe préparatoire reste, pour beaucoup, actif tout au long de la vie professionnelle et chacun est fier d'y appartenir.

Persévérance et optimisme, le bon état d'esprit en Prépa
Comme en sport, il convient de ne jamais céder au découragement. Lorsqu'un athlète rate un entraînement, il n'a pas perdu la compétition. C'est la même chose en classe préparatoire. Une mauvaise note peut être décourageante sur le moment, mais elle ne prédétermine pas la réussite aux concours. L'important est de progresser, à son rythme, sans se décourager. La ténacité paie toujours aux concours et bien des lauréats de très Grandes Écoles ont déjoué leur propre pronostic ! C'est pourquoi il faut toujours être optimiste sur son potentiel et sa réussite.

Les retours d'expérience très utiles des anciens étudiants de Prépa
Les étudiants de Grande Écoles passés par une Prépa ont acquis une expérience essentielle. Transmettre cette expérience à leurs successeurs constitue le sens de cet ouvrage. Certes, chaque étudiant a eu son propre vécu et délivre donc des conseils qui peuvent varier. Mais c'est justement cette variété qui va permettre à chaque lecteur de trouver les conseils dont il a besoin pour progresser, réussir et aborder les concours dans des conditions optimales.

Puisse cet ouvrage vous inciter à venir en Prépa et à y assurer votre réussite lorsque vous y serez !

Alain JOYEUX

Sommaire

Ce Guide se découpe en quatre grandes parties : première année (bizuths), deuxième année (carrés) et troisième année (cubes), avec une quatrième partie consacrée aux Prépas littéraires (A/L et B/L) ainsi qu'aux ENS D2. Chacune de ces parties se découpe en sous-parties par matière, mais avant d'entrer dans le concret des matières, nous vous avons concocté, pour chaque année, une partie générale qui a pour but de vous présenter les grands enjeux de votre année, afin de l'aborder dans les meilleures conditions possibles !

Les coefficients

Pour vous donner une idée de l'importance des différentes épreuves selon les Écoles que vous visez, nous avons calculé l'importance des différentes épreuves selon les groupes d'Écoles. Les TOPs ci-dessous sont fondés sur le classement SIGEM.

On a ainsi :

TOP 3 Les trois premières Écoles (HEC Paris, ESSEC et ESCP)

TOP 5 Les 4e et 5e Écoles (EDHEC et EMLYON)

TOP 10 De la 6e à la 10e École (SKEMA, AUDENCIA, GEM, NEOMA et KEDGE)

TOP 24 De la 11e à la 24e École (TBS, RSB, MBS, BSB, ICN, IMT-BS, EM Strasbourg, EXCELIA BS, EM Normandie, INSEEC, ISC Paris, ESC Clermont, SCBS et Brest BS)

Mathématiques	ECS	ECE	ECT
TOP 3	36,7 %	25,6 %	18,9 %
TOP 5	31,7 %	23,3 %	13,3 %
TOP 10	24,1 %	23,3 %	20,8 %
TOP 24	17,2 %	12,9 %	14,0 %

ESH/HGG/ECT*	ECS	ECE	ECT
TOP 3	20,0 %	24,4 %	37,8 %
TOP 5	16,7 %	25,0 %	41,7 %
TOP 10	19,3 %	24,1 %	48,1 %
TOP 24	17,0 %	23,0 %	43,8 %

* Les deux matières propres à la Prépa ECT : le management et l'économie-droit.

Culture générale	ECS	ECE	ECT
TOP 3	14,4 %	18,9 %	13,3 %
TOP 5	16,7 %	16,7 %	13,3 %
TOP 10	19,9 %	13,9 %	9,9 %
TOP 24	15,9 %	16,0 %	13,1 %

Contraction/Synthèse	ECS	ECE	ECT
TOP 3	8,9 %	11,1 %	10,0 %
TOP 5	10,0 %	10,0 %	10,0 %
TOP 10	11,1 %	10,4 %	7,5 %
TOP 24	11,0 %	10,6 %	11,7 %

LV1	ECS	ECE	ECT
TOP 3	13,3 %	13,3 %	13,3 %
TOP 5	16,7 %	16,7 %	13,3 %
TOP 10	17,9 %	15,9 %	8,3 %
TOP 24	22,3 %	22,2 %	11,8 %

LV2	ECS	ECE	ECT
TOP 3	6,7 %	6,7 %	6,7 %
TOP 5	8,3 %	8,3 %	8,3 %
TOP 10	13,7 %	12,4 %	6,9 %
TOP 24	15,6 %	15,3 %	8,0 %

PREMIÈRE ANNÉE

Méthodologie générale

Julien B. Marie

Chère ex-lycéenne, cher ex-lycéen, bienvenue en Prépa ! Si vous êtes ici, c'est que vous avez le niveau, donc pas de panique. Le but de cette introduction est de **vous rassurer et de valider ou invalider des clichés qui pèsent sur la Prépa**. Nous avons nous-mêmes fait face à certaines difficultés et appliqué certains conseils et astuces. Nous tenons donc à vous faire part de ce que nous avons pu tirer de nos expériences. Bref, il s'agit de vous rassurer et de vous prémâcher le travail pour vous permettre d'aborder cette année dans les meilleures conditions.

◎ **Comprendre comment la Prépa fonctionne. L'enjeu du début de la première année de Prépa est de comprendre comment la Prépa fonctionne** (n'hésitez pas à demander à vos amis, professeurs, carrés de votre Prépa comment faire pour gérer les devoirs qui s'accumulent, ou encore à nous contacter directement, nous sommes là pour vous aider à y voir plus clair). Tout le monde est dans le même bain, et celui qui s'en sortira le mieux au début n'est pas le plus intelligent, contrairement à ce qu'on pourrait penser, mais celui qui sait s'organiser. **Alors, courage et ne baissez pas les bras !** Soyez bien conscient(e) d'une chose : il n'y a pas de fatalité en Prépa, c'est-à-dire que le meilleur au bac n'est pas forcément celui qui va majorer le premier concours blanc ni celui qui aura la meilleure École. **L'élément primordial en Prépa, ce n'est pas une surprise, c'est le travail.** Si vous travaillez beaucoup et de manière intelligente, vous rattraperez votre retard sans souci et vous apprendrez même à vous dépasser. **Vous entourer d'un groupe de travail/d'amis pour travailler après les cours est également une très bonne chose.** Cela vous permet de tenir le rythme, de vous donner des objectifs, et de constamment les renouveler afin de vous stimuler mutuellement. Encore une fois, cela s'avère subjectif et dépend de chaque étudiant. **Seul on va plus vite, mais à plusieurs on va plus loin.**

◎ **Ne pas se laisser submerger.** Il y a effectivement en Prépa une masse de travail non négligeable (cours à apprendre, DST, DM à rendre, colles, concours blanc). Une chose est sûre, ce n'est pas le même rythme qu'au lycée. Mais **il s'agit surtout de ne pas vous laisser submerger**, notamment vis-à-vis des notes. Les notes ne sont plus les mêmes qu'au lycée et **vous devez apprendre à prendre du recul par rapport à cela**. Le professeur ne vous juge pas vous mais évalue ce que vous avez produit à un instant T. Vous recevrez sûrement de mauvaises notes pendant vos années de Prépa, notamment en première année, mais ce sont aussi elles qui vous forgeront. Quand vous avez une mauvaise note, encaissez le choc, **passez du temps sur la correction** (**la correction est essentielle en Prépa**, vous ne pouvez plus vous permettre de prendre le polycopié comme au lycée et le jeter sans le regarder) **et surtout sur votre copie** (quelles sont les erreurs que j'ai commises ? Pourquoi ? Que faire pour m'améliorer ? Qu'est-ce qui est bon ?), cela vous permettra de repartir de plus belle. Ce qui compte au fil de la Prépa, c'est la progression. Passer de 2 en début de première année à 6 en fin de cette dernière, c'est bien, puisque vous avez triplé votre note. Le passage de la minoration (note la plus faible) à la majoration (note la plus haute) est totalement possible. Gardez en tête que c'est un concours et que l'objectif est d'être le (la) meilleur(e). Si vous avez 8, mais que c'est la meilleure note de la classe, alors vous pouvez vous sentir satisfait(e) sur ce coup. En revanche, n'oubliez pas que c'est un concours national, vous serez classé(e) par rapport aux autres et non pas jugé(e) sur une note, comme durant toute votre scolarité antérieure.

Des objectifs à court terme pour viser plus haut tout en pensant au concours. Il est important de vous **fixer des objectifs à court terme** (comprendre cet exercice en mathématiques, réussir ma prochaine colle d'anglais, avoir une meilleure note qu'à mon DST précédent…). Ces objectifs sont essentiels, d'une part en termes de satisfaction personnelle (« j'ai réussi à me dépasser et à progresser ») – ce qui est nécessaire en Prépa (toute satisfaction est bonne à prendre) – et d'autre part car si vous regardiez directement le bout du tunnel (les prochaines vacances deux mois après, la fin de l'année, voire les concours directement), vous seriez rapidement découragé(e) : n'oubliez pas qu'il ne faut pas vous laisser submerger. Donc, fixez-vous des objectifs à court terme (sur un jour ou sur une semaine avec le prochain DST, par exemple). Il ne faut toutefois pas travailler par séquence, à savoir uniquement avant une colle, un DST ou un concours blanc, **mais penser long terme. La Prépa est un marathon et le concours se prépare dès la première année.**

L'organisation, clé de la réussite ? Place donc à l'organisation. **En première année, il faut surtout trouver ses méthodes de travail, matière par matière.** Ces méthodes vont vous servir pendant toute votre Prépa – et même tout au long de votre vie – donc, une fois trouvées, c'est un grand temps de gagné en termes de productivité. Dans votre organisation, **l'emploi du temps en dehors de la Prépa est primordial.** Attention, il n'existe pas d'emploi du temps miracle, tout dépend de votre niveau et de vos capacités. **C'est pourquoi, en première année, il est très important de savoir quelles sont vos matières faibles et fortes, les moments où vous allez avoir des « pics » de productivité, le temps de repos nécessaire le week-end, etc.** Autant d'éléments que vous devez prendre en compte afin d'optimiser au maximum votre temps. On ne dira jamais assez qu'il est préférable de faire 2 heures de mathématiques en étant productif plutôt que de faire 5 heures en ne l'étant pas ! Au fil du temps, votre emploi du temps deviendra de plus en plus détaillé (temps de travail, pause, repos, repas, sommeil). En première année, il faut – dans la mesure du possible – travailler tous les jours les mathématiques (1 h 30*) ainsi que la matière principale de votre filière (ESH pour les ECE, HGG pour les ECS, management et éco-droit pour les ECT) (1 h 30*). **Le programme de ces matières est si vaste que vous devez sans cesse apprendre le cours**, le réviser et le travailler en vous exerçant. Ensuite, il s'agira de travailler la culture générale pour bien saisir la méthode (45 min*) et d'alterner une langue un jour sur deux (45 min à 1 h*).

Pour être honnête, la culture générale est moins importante en première qu'en deuxième année, puisque vous n'avez pas encore le thème, mais il faut, dès la première année, comprendre la méthodologie d'une dissertation, **car en deuxième année, plus que jamais, le temps sera votre ressource la plus précieuse.** Donc, en Prépa, il faut travailler, certes, mais la clé de la réussite réside dans l'organisation. **Faites-vous un emploi du temps complet et réaliste que vous tiendrez.** Ne pas tenir votre emploi du temps vous décourage mais ne pas assez le remplir ne vous fait pas assez travailler. Ce dernier peut varier d'une semaine à l'autre, bien entendu, le mieux est de le confectionner chaque fin de semaine en fonction des différents objectifs de court terme que vous vous fixerez. N'hésitez pas à consulter l'article « Bien se connaître pour travailler efficacement » de Mister Prépa afin d'apprendre à travailler de manière efficace et **en alternant travail passif avec travail actif**.

Et quand vous devez préparer une colle, prenez un peu de temps de travail sur une matière où vous êtes à l'aise pour travailler les points où vous avez des difficultés.

Que faire le week-end ? Le week-end est le moment où il est possible de travailler plus en profondeur les points que vous n'avez pas eu le temps de revoir. Encore une fois, il s'agit de bien vous organiser… L'idéal serait de travailler davantage les mathématiques ainsi que votre matière principale (entre 3 h et 5 h pour chacune d'entre elles*), sans oublier de faire un peu de culture générale et des langues (1 heure à 3 heures*). **C'est aussi le moment où vous pouvez faire du sport, vous reposer, voir vos proches, sortir un peu avec vos amis et vous vider l'esprit.** Mais attention : l'abus de sorties est dangereux pour votre Prépa !

Les éléments qui feront la différence ? Beaucoup disent que la Prépa se joue à des détails, eh bien, ce n'est pas un mythe ! Il y a donc différents éléments à prendre en compte pour mieux vivre sa Prépa :

– Nous vous recommandons de faire du sport au moins une fois par semaine (les activités relatives au cardio particulièrement : course à pied, football, step, etc.). Vous pouvez à ce sujet consulter l'article « Sport et Prépa : même combat » sur le site de Mister Prépa.

– **Aménagez-vous un espace de travail bien éclairé et assez spacieux** si vous le pouvez afin de travailler dans de bonnes conditions tout en étant organisé(e).

– En paraphrasant Épicure, **nous vous recommandons de « bien manger et bien dormir pour bien vivre » votre Prépa.** Vous ne pouvez pas sacrifier votre sommeil sous prétexte de travailler plus : vous le regretterez tôt ou tard ! **Il faut garder un bon cycle de sommeil.** Ne prenez pas du retard sur les cours de la journée à cause de la fatigue. (Pour aller plus loin, vous pouvez lire l'article « Quelle hygiène de vie en Prépa ? » de Mister Prépa.)

– Si vous vous posez la question de la distance entre votre logement et votre Prépa, nous vous recommandons de veiller à ce que le temps de trajet (un aller) n'excède pas les 45 minutes à 1 heure. Au-delà, ça commence à faire beaucoup de temps « perdu » dans les transports. Toutefois, si vous n'avez pas le choix, ce n'est pas grave. Libre à vous soit de vous reposer, d'écouter de la musique ou de regarder le paysage (s'il y en a un), soit d'optimiser ce temps pour travailler intelligemment. Dans les transports, vous pouvez par exemple relire votre cours de maths, apprendre du vocabulaire en langues grâce à des applis, ou encore écouter des podcasts. Vous pouvez également prendre en photo les cours que vous souhaitez réviser, c'est très pratique. Le bénéfice sera double : à la fois scolaire puisque vous révisez (même si les transports ne sont pas les lieux les plus propices) et psychologique car vous n'aurez pas l'impression de perdre votre temps.

Pour terminer, gardez en tête que la Prépa est comme un sport, une activité, un hobby, c'est-à-dire que plus vous travaillerez et plus vous trouverez un intérêt à travailler, à aimer ça et c'est ainsi qu'un cercle vertueux se formera.

Article Mister Prépa : Bien se connaître pour travailler efficacement
liennathan.fr/7ih4j9

Article Mister Prépa : Sport et prépa : même combat
liennathan.fr/b4f6s6

Article Mister Prépa : Quelle hygiène de vie en prépa ?
liennathan.fr/46edg8

---

* Durée moyenne de travail donnée à titre indicatif, cela peut varier d'un jour à l'autre et d'un(e) candidat(e) à l'autre.

Maths

QUENTIN
(HEC Paris – ECE / Maths appliquées)

Notes obtenues :
20 (EMLYON)
20 (EDHEC)
20 (ECRICOME)
20 (MATHS II)
16 (MATHS I)
20 (Oraux HEC)

HEC PARIS

En arrivant en Prépa, on se rend compte que les mathématiques sont une matière incontournable qui détermine en grande partie la réussite aux concours. Je dirais même que c'est **la matière la plus importante**, au-delà de l'HGG ou de l'ESH. En effet, si les coefficients sont sensiblement les mêmes, les maths ont l'avantage (ou le désavantage, cela dépend de votre niveau le jour J) d'être la matière la plus **fiable**, c'est-à-dire que vos notes aux concours seront très proches de votre niveau réel. C'est donc à vous de devenir bon(ne) pour vous assurer de bonnes notes aux concours.

Je vous rassure, **vous avez largement le temps, pendant ces deux ans, de vous améliorer en maths.** Les premiers mois consistent en une transition entre les maths du lycée et les maths de Prépa. Vos professeurs vous accompagnent pour que vous ne soyez pas perdu(e). **Il est donc crucial de travailler les maths dès le début de l'année.** Et je pense que le plus important quand on entre en Prépa est de **bien connaître et maîtriser les basiques** : les règles de calcul sur les puissances, les propriétés des fonctions de référence, les opérations possibles entre les inégalités, etc. Tout cela peut paraître bête et simple, mais croyez-moi, **la grande majorité des difficultés que connaissent les élèves en début de Prépa proviennent d'une méconnaissance de ces basiques.** Ainsi, en début d'année, vous pouvez assez facilement être dans le premier tiers de votre classe simplement en ne commettant pas de bêtes erreurs de calcul.

Se familiariser avec la méthode de travail en maths. C'est une des missions durant les premiers mois de Prépa : premièrement, il est essentiel de **comprendre le cours.** Il est impensable de se lancer dans des exercices sans avoir compris le cours et les objets manipulés. Heureusement, les premiers chapitres sont surtout un approfondissement du programme du lycée, avec peu de nouveautés. Ensuite, il faut **apprendre son cours.** Par cœur ! Vous devez connaître sur le bout des doigts toutes les définitions, les propriétés et les théorèmes vus en cours. Vous ne vous en rendez pas encore compte, et devoir apprendre des choses par cœur vous ennuie (et je vous comprends !), mais vous comprendrez rapidement que connaître son cours permet de **gagner un temps incroyable en DS.** Une fois que vous avez compris le cours et que vous le connaissez, il faut **le mettre en pratique.** C'est ce que fait votre professeur en classe avec de petits exercices et des exemples d'application du cours. Le jour même, refaites-les chez vous ! **C'est grâce à ces petits exercices d'application que vous contrôlerez votre maîtrise du cours.** Ensuite, passez aux exercices. Faites-les sérieusement, ne demandez pas la réponse à vos camarades après seulement deux minutes de réflexion. Et quand vous en ferez la correction en classe, soyez attentif(-tive) et soyez actif(-ive) ! Puis une fois que vous pensez avoir compris la correction et compris comment résoudre l'exercice sur lequel vous étiez bloqué(e), ne prenez pas cela pour acquis : **refaites l'exercice de A à Z sans regarder la correction**, et voyez si vous arrivez à le faire en ayant tout juste. Si vous n'y arrivez pas, c'est que vous n'avez pas réellement compris et intégré la correction. Pas grave ! Rejetez-y un œil et appliquez-vous à comprendre l'exercice. Tout cela peut paraître bien long et fastidieux, mais croyez-en mon expérience personnelle, **c'est la manière la plus efficace et la plus rapide pour être performant en mathématiques.**

◎ **Mon dernier conseil concerne la manière d'aborder un sujet de maths.** Survolez rapidement le sujet pour prendre connaissance du nombre d'exercices et de quoi chacun traite, puis **commencez par celui que vous préférez.** Avancez progressivement jusqu'à ce que vous soyez bloqué(e), puis passez à l'exercice suivant (sur une autre feuille), et ainsi de suite **jusqu'à ce que vous ayez traité toutes les questions faciles de chaque exercice**. Ensuite, revenez sur les exercices pour **traiter le plus de questions possibles** (toujours en ayant une rédaction irréprochable !). Et gardez-vous du temps à la fin pour **gratter des points cadeaux** : essayez d'aboder les dernières questions des exercices et traitez celles qui peuvent l'être sans forcément avoir répondu aux questions précédentes.

Je terminerai par un message d'encouragement : **ne baissez jamais les bras en maths ! Si vous travaillez intelligemment et régulièrement, vous brillerez en maths aux concours !**

IGOR
(HEC Paris – ECS / Maths approfondies)

Notes obtenues :
20 (EMLYON)
20 (EDHEC)
20 (MATHS II)
19 (MATHS HEC)
20 (MATHS ESSEC)
* Concours 2014 = avant la réforme des fusions d'épreuves HEC/ESSEC.

HEC PARIS

L'arrivée en Prépa est difficile car le rythme, surtout en mathématiques, est beaucoup plus soutenu qu'au lycée. Il est donc important de très vite s'habituer aux nouvelles exigences des cours. Mais ne paniquez pas, **les maths demandent rigueur et patience**, et vous allez y arriver en travaillant et en suivant ces conseils.

◎ **Le PAR CŒUR. Tout d'abord, il est fondamental d'apprendre son cours PAR CŒUR.** Nombreux sont ceux qui ne l'ont jamais fait au lycée et qui pensent que cela ne sert à rien : ils se trompent. Les exercices de Prépa demandent une connaissance approfondie et minutieuse du cours, sans quoi ils ne peuvent pas être faits correctement. En ECE, il est également important, à défaut de les apprendre par cœur, de comprendre les démonstrations du cours qui peuvent souvent être réutilisées en exercices et qui vous permettront de gagner énormément de temps lors des épreuves (et n'oubliez pas qu'au concours, le temps, c'est des points). Enfin, il faut savoir refaire les exemples du cours.

Afin d'apprendre son cours, **faire des fiches de synthèse des formules, théorèmes et définitions** me semble le plus pertinent : pensez à ajouter un code couleur si vous avez une mémoire visuelle. **Pour les démonstrations et les exercices, les refaire sur une feuille vierge après les avoir apprises peut être une bonne chose.**

Avancer progressivement. Après avoir appris votre cours par cœur, faites **des exercices de difficulté croissante**. Commencez par de simples exercices d'application du cours avant d'arriver à des exercices plus exigeants. Je ne vous conseille pas de faire d'annales avant la fin de l'année, cela ne servirait qu'à vous décourager alors même que la confiance en soi est primordiale pour réussir. Lorsque vous aurez fini un exercice, regardez ce que vous pouvez en retirer en matière de méthode usuelle (par exemple, pour trouver la limite d'une intégrale, il faut toujours l'encadrer) et inscrivez l'ensemble de ces méthodes dans un **cahier de méthodes et astuces** qui vous permettra également de gagner davantage de temps.

Enfin, n'oubliez surtout pas de vous réserver des plages de repos : la Prépa est un exercice d'endurance. Je vous souhaite à tous une excellente année.

ALIX
(ESCP BS – ECE / Maths appliquées)

Notes obtenues :
20 (EMLYON)
20 (EDHEC)
16,1 (MATHS I)
17,1 (MATHS II)

Les maths en ECE représentent une marche importante lorsqu'on arrive en Prépa, mais les coefficients aux concours dans cette matière sont élevés, **il est donc important de ne pas baisser les bras** devant cette difficulté. Beaucoup seront peut-être tentés de se laisser porter, d'arrêter de faire leurs exercices tous les soirs puisque le prof les corrige le lendemain : c'est exactement l'erreur à ne pas faire !

Être rigoureux et régulier. Pour progresser en maths, il faut absolument être rigoureux et régulier dans son travail : **d'abord, j'apprends mon cours, ensuite, je le fiche, puis je vérifie que je l'ai bien retenu en faisant les exercices que le professeur donne. Si ce n'est pas le cas, je recommence.** Le problème dans cette matière, c'est que les résultats de ses efforts ne se font pas sentir immédiatement. Il faut parfois attendre plusieurs semaines ou mois de travail pour voir sa moyenne augmenter de quelques points. Pour autant, il ne faut pas lâcher, car comme tout résultat en Prépa, **votre réussite se joue au mental, sur le long terme.**

Vos professeurs vous ont sûrement déjà dit qu'« **enseigner, c'est répéter** ». C'est exactement la même chose en Prépa pour apprendre, et particulièrement en maths. Il faut revoir son cours régulièrement, réapprendre les formules qui ont pu être oubliées au fil de l'année, refaire encore et encore les exercices pour ne pas oublier ce qui a été fait.

Ma méthode clé pour cela : les flashcards. Il s'agit de petites cartes (en papier ou sur des applications dédiées) sur lesquelles on écrit au recto le nom de la formule, du théorème (exemple : dérivée de la fonction ln(x)), et au verso la formule en elle-même (la dérivée de la fonction logarithme est 1/x avec x > 0). Pour les utiliser, il faut lire le recto de la carte et réfléchir à ce qui se trouve sur le verso avant de retourner la carte pour vérifier. En ressortant régulièrement ces cartes, vous vous assurez de bien mémoriser vos formules sur le long terme, et non de faire du « bourrage de crâne » avant le DS.

Pour résumer, **apprenez et réapprenez vos cours régulièrement pour ne rien oublier, faites des exercices tous les jours** pour vérifier vos connaissances et ne pas être largués en cours le lendemain, **mais surtout persévérez, accrochez-vous !** Certes, c'est dur, mais cela vaut le coup de ne rien lâcher. Faites-vous confiance : si vous êtes en Prépa, c'est que vous en êtes capables. Je vous souhaite de passer une bonne année.

DINA
(NEOMA BS – ECS/ Maths approfondies)

Notes obtenues :
20 (EML)
20 (EDHEC)
20 (ECRICOME)
17,8 (MATHS II)
16 (MATHS I)

NEOMA BUSINESS SCHOOL
REIMS · ROUEN · PARIS

Voilà les deux choses qui m'ont permis de faire des maths, une des matières les plus redoutées par les élèves de CPGE, une sécurité aux concours :

Un petit cahier mémo. En première année, j'ai acheté un petit cahier qui m'a servi pendant mes trois années de Prépa et dans lequel je notais plusieurs choses :
1. Les formules, théorèmes et définitions importantes.
2. La liste des annales que j'effectuais ainsi que leur niveau de difficulté et les chapitres qu'elles traitaient.
3. Lorsque je faisais des sujets de Parisiennes, je me suis rendu compte qu'une grande partie des questions concernait des propriétés hors programme que l'on devait redémontrer à chaque fois et que beaucoup d'entre elles se répétaient. Donc, je les notais dans mon cahier pour les apprendre et tout allait plus vite le jour de l'épreuve.
4. Toutes les remarques que mon prof écrivait dans mes copies de maths à propos de ma rédaction afin de ne plus les refaire.

L'importance de la rédaction. Ensuite, l'autre chose est de comprendre l'importance de la rédaction. En effet, les sujets des maths parisiennes sont conçus pour ne pas être finis, parfois ils sont si difficiles que vous ne répondrez qu'à très peu de questions. Mais si vous avez une rédaction parfaite, vous allez gratter tous les points et donc avoir une bonne note. Pour cela, il faut :
– une copie propre et lisible ;
– avant d'employer un théorème, montrer que vous avez vérifié toutes les hypothèses qui vous autorisent à l'utiliser ;
– des réponses qui possèdent des connecteurs logiques. Si le correcteur se retrouve face à des dizaines de lignes de calcul sans connecteurs, il risque de se perdre, il ne fera pas l'effort pour comprendre et vous mettra 0 à la question.

Enfin, mon dernier conseil est de rédiger comme en épreuve lorsque vous vous entraînez chez vous. Cela peut sembler une perte de temps mais en faisant cela, vous allez développer des automatismes. Ainsi, le jour J, vous ne perdrez pas de temps à réfléchir sur la manière de rédiger et de présenter votre raisonnement mathématique.

ISMA
(ESSEC BS – ECT)

Notes obtenues :
20 (ESCP)
20 (ECRICOME)

ESSEC BUSINESS SCHOOL

Je voulais tout d'abord vous féliciter d'avoir fait ce beau choix d'intégrer une classe préparatoire. Certes, le rythme y est soutenu mais en fournissant assez d'efforts, vous ne regretterez jamais d'être passés par cette case. Venant de terminale STMG, vous avez tous sûrement dû entendre que les maths en Prépa sont une matière très difficile, bien loin des exigences attendues des élèves en terminale lors du bac. Cela est vrai, mais n'est pas insurmontable. Rigueur et discipline seront vos alliées si vous voulez bien réussir. Les maths sont la bête noire des étudiants en filière ECT, mais avec une bonne préparation, elles peuvent offrir de nombreux points gratuitement aux étudiants lors des concours !

Travailler dès le premier jour. Une bonne préparation en maths est une préparation qui commence dès **le premier jour**. Certes, il est bien évidemment conseillé de travailler toutes les matières dès le début, mais ce conseil s'applique encore plus aux maths, car toute lacune en première année pèsera énormément sur votre deuxième année : la première année est une sorte de mise à niveau qui vous donnera les outils pour comprendre les cours qui seront vus après.

Retravailler les bases. Retravaillez les bases vues au lycée et au collège avant de vous attaquer au programme de la Prépa. Vous aurez ainsi tous les outils nécessaires pour comprendre les cours qui vous seront proposés en première et deuxième année. Revoyez :
– les équations/inéquations ;
– la factorisation (l'outil indispensable à n'importe quel niveau, factorisez de partout !) ;
– l'étude de fonctions : tableau de variation et dérivée dans un premier temps (bien comprendre graphiquement à quoi cela correspond) ;
– les suites ;
– la base des probabilités.

Travailler sérieusement ses colles de maths. Les colles sont votre première chance de vous exercer et de mettre en application le dernier cours vu avec le professeur, avec un colleur qui peut vous aider à comprendre et à surmonter vos difficultés. Pour cela, je vous recommande de bien connaître tous les aspects de votre cours, de travailler les exercices proposés par le prof avant de vous rendre à votre colle, sinon vous raterez l'occasion de réellement vous entraîner et de comprendre ce qui ne marche pas dans votre méthode de révision.

Comment travailler les maths ?

• Connaître son cours et ses formules : sans trop s'y attarder (20 % de votre temps total de révision en moyenne), il est très important de connaître les points les plus importants pour pouvoir travailler ses exercices. Il suffit donc de lire le cours et de ficher ses formules pour en faciliter l'usage lors des exercices d'entraînement.

• Les maths, c'est de la pratique ! Il va vous falloir passer de longues heures à potasser des exercices pour acquérir des mécanismes, apprendre et progresser le plus efficacement possible.

Comment s'y prendre ? Commencez par des exercices de cours assez simples pour savoir les points à retravailler (20 % de votre temps de révision maths), avant de plonger dans les exercices plus compliqués qui vous entraîneront pour vos concours blancs et DST (60 % de votre temps de révision !).

MATHIEU
(EMLYON BS)

Notes obtenues :
17 (ESCP)
19,9 (ECRICOME)

em lyon business school

Les maths représentent un gros coefficient pour beaucoup d'Écoles et cela peut faire peur. Cependant, deux ans sont suffisants afin de rattraper son retard ou s'améliorer de manière conséquente. L'avantage de l'épreuve de maths est qu'elle n'est pas aussi aléatoire qu'une dissertation ou qu'une contraction de texte ; rares sont les bons élèves ayant de mauvaises notes aux concours, même si les mauvaises surprises ne sont pas exclues !

Pour ma part, mon niveau en maths avant la Prépa était quasiment inexistant, j'étais incapable de faire des opérations basiques. Pour rattraper mon retard, la première année a été décisive, j'ai dû reprendre les bases (factorisation, identités remarquables, équations, calculs avec les puissances…). Alors n'oubliez pas : **il faut aller à son rythme !** Les maths sont une pyramide que l'on construit jour après jour, ne pas connaître les bases peut faire s'effondrer toute la structure, alors n'hésitez pas à revenir sur un point particulier avec vos professeurs et en colles.

Paradoxalement, je ne recommande pas de réviser régulièrement les formules : tenir une fiche avec toutes celles-ci à disposition en cas de doute suffit. En effet, il n'y a pas beaucoup de formules et ce, spécialement en première année. Vous les apprendrez donc en répétant les exercices. Concernant les exercices, je déconseille de commencer les annales en première année : vous allez souvent bloquer sur des exercices et vous aurez tout le temps de les faire une ou plusieurs fois (ce que je recommande) en deuxième année. Les exercices présents aux concours sont plutôt récurrents, même s'il y a de légères variations. Enfin, selon moi, la meilleure astuce au niveau de la méthode de révision est de tenir une liste récapitulant vos forces et vos faiblesses. Vous pourrez ainsi mieux cibler vos révisions en la mettant à jour régulièrement.

Si, pour l'épreuve ESC, on attend des élèves de réciter leur cours, pour les épreuves ECRICOME et ESCP, il faudra faire preuve d'ingéniosité afin de résoudre les problèmes. Ces deux épreuves ne doivent plus être abordées comme vous pouviez le faire en terminale : il faut chercher une manière de résoudre le problème posé et ne pas vouloir le résoudre grâce à une formule préchauffée. Improvisation et patience seront vos meilleurs atouts lors des épreuves. Ne lâchez rien, et voyez les maths comme un jeu !

Mes notes

ESH

SAMUEL
(HEC Paris)

Notes obtenues :
17 (HEC)
17 (ESSEC/EDHEC)
18 (ESCP/SKEMA)

HEC PARIS

L'ESH en première année, c'est une nouvelle matière. En effet, en terminale, les seules dissertations d'économie que vous faisiez comprenaient un certain nombre de documents sur lesquels s'appuyer. En Prépa, la dissertation d'ESH n'est constituée que d'un sujet. Par conséquent, il est primordial d'acquérir la méthode de la dissertation d'ESH en première année, quelle que soit la forme du sujet (mot, expression, citation ou question). Cette méthode doit être parfaitement comprise et appliquée en fin d'année. **La première étape de votre année est donc d'apprendre à rédiger une dissertation d'ESH conforme aux normes exigées par les épreuves du concours. Le site de Mister Prépa regorge d'exemples à ce sujet.**

Ensuite, il convient également d'enrichir votre socle de connaissances. L'apprentissage du cours est, à cet égard, fondamental. Les références classiques doivent être maîtrisées parfaitement et, pour faire la différence, **il est bon de commencer à trouver des références plus pointues qui vous démarqueront des autres candidats.**

Enfin, il est important de vous entraîner sur des sujets d'écrits et surtout d'oraux, qui sont plus précis et qui vous permettent de mobiliser les chapitres sur lesquels vous êtes en train de travailler. Rédiger, en deux heures et de façon hebdomadaire, un plan détaillé avec introduction et conclusion est une des meilleures façons de travailler l'ESH, une fois que son cours est parfaitement su. Car oui, en ESH, il est important de **maîtriser le cours en profondeur pour avoir du contenu lors de la rédaction de vos dissertations.** Il ne faut cependant pas tomber dans la récitation qui sera pénalisée par votre professeur mais aussi le jour du concours.

Alors travaillez bien, suivez les conseils qu'on vous donne, ne vous découragez pas et bonne chance pour cette première année de Prépa.

MAÏWENN
(ESSEC BS)

Notes obtenues :
15 (ESCP/SKEMA)
19 (ESSEC/EDHEC)

Comprenez ce qui est **attendu de vous** : il est certes fondamental de maîtriser parfaitement son cours, mais on ne vous demande pas de le réciter, que ce soit en colle ou en DS. N'oubliez pas qu'on attend de vous une logique argumentative : **cela ne sert à rien de multiplier les références si elles ne sont pas bien expliquées et reliées au sujet !**

Pour éviter ce problème, deux conseils :
1. Lorsque vous avez **plusieurs références qui traitent du même sujet**, vous pouvez souvent vous permettre de **n'en maîtriser que quelques-unes, mais maîtrisez-les parfaitement !** Vous pourrez ainsi les replacer en DS sans problème, en les expliquant correctement et précisément.
2. Au cours de votre argumentation, afin d'éviter de vous perdre dans l'accumulation des références et de risquer le hors-sujet, **n'hésitez pas à faire et refaire référence au sujet tout au long de votre devoir (argument + exemple + « on voit ainsi que... »). Cela permet de tenir un fil conducteur** qui montrera au correcteur que vous savez où vous allez.

DORIAN
(EMLYON BS)

Notes obtenues :
17 (ESCP/SKEMA)
16 (ECRICOME)
15 (ESSEC/EDHEC)

L'ESH fait partie des matières les plus importantes au concours avec les mathématiques. **C'est pourquoi il est important de bien la travailler en première année pour ne pas prendre du retard.**

L'ESHMC, Économie Sociologie et Histoire du Monde Contemporain de son nom complet, est une matière très large et il est important d'en saisir rapidement les enjeux. Dès que vous finissez un chapitre, ce que je vous recommande, c'est de directement ficher et apprendre le cours afin de vous **constituer une vraie culture économique.** Au début, vous verrez, et c'est normal, qu'il est difficile de tout comprendre et de ne pas faire d'erreurs entre les différents auteurs, dates, ouvrages, chiffres, graphiques et autres éléments constitutifs de cette matière. Mais en travaillant avec rigueur et de manière organisée, vous verrez que cela va vite devenir automatique.

Ficher et comprendre ses cours de première année s'avère un réel atout pour la deuxième année puisque, d'une part, les chapitres d'ESH seront liés et, d'autre part, cela vous facilitera la tâche au moment des révisions. Il y a chaque année aux concours, que ce soit aux écrits ou aux oraux, des sujets portant partiellement ou exclusivement sur le programme de première année.

Lors de la conception de vos fiches, il est impératif de **faire ressortir ce qui est attendu le jour de l'épreuve d'ESH** : actualité économique, perspective historique, exemples, chiffres et faits historiques, auteurs, théories et concepts économiques, graphiques et relations mathématiques, la sociologie et la microéconomie.

◎ Travailler les bonnes copies. Une astuce qui, à mon sens, peut faire la différence, **c'est la lecture des bonnes copies**. Le site Mister Prépa regorge de bonnes copies en ESH, et il est important de travailler une ou des bonnes copies en lien avec le chapitre étudié, et ce pour plusieurs raisons : cela vous permet non seulement de saisir pleinement **les exigences du concours, mais surtout de voir comment doit se construire une argumentation et une dissertation tant sur le fond que sur la forme**. Cela vous permet également d'analyser la manière dont les auteurs, mécanismes, théories et autres éléments sont amenés par les candidats ayant réussi en ESH. C'est, en bref, un travail prémâché qu'il est important d'effectuer rapidement et qui peut élargir votre culture économique si le candidat utilise une définition, des chiffres, graphiques ou auteurs que vous ne connaissez pas au préalable. **Il faut travailler une bonne copie en la fichant, la décortiquant. À force de faire cet exercice, vous allez acquérir de vrais automatismes.**

BONUS

LÉO B.
(SCIENCES PO Lyon + EMLYON BS + CAPES)

Un concours, quel qu'il soit, est toujours basé sur une **certaine répétition**. C'est pourquoi je ne saurais trop vous conseiller de **faire et refaire des sujets**, c'est comme cela que le jour du concours, l'analyse du sujet vous paraîtra plus facile. Le but du concours BCE, pour ce qui est de l'ESH, **n'est pas de faire de vous un(e) économiste en herbe mais bien d'évaluer un raisonnement, une rigueur et une culture large en économie, sociologie et histoire**. Ainsi, pour gagner en rigueur et en pertinence dans votre raisonnement, il faut faire et refaire vos sujets de DS, de colles ou d'autres sujets.

En outre, **ce qui compte aussi lors d'un concours, c'est de se démarquer des autres**. Il y a une manière très simple pour cela : **avoir une vision globale de ce qu'est l'ESH**. En effet, beaucoup d'étudiants croient qu'aux concours, ils ont des épreuves d'économie, or ce n'est que partiellement vrai. **C'est pourquoi la manière aisée et simple de se démarquer dans votre copie va être de travailler la sociologie, la microéconomie et la macroéconomie.** Ce ne sont peut-être pas les chapitres les plus amusants à réviser et à ficher en première année, mais **ce seront ces chapitres qui vous feront gagner des**

points en deuxième année, aux concours mais aussi aux oraux de l'ESCP et de HEC, où la place de ces « sous-matières » est importante. Ainsi, après avoir bien fiché vos cours de microéconomie, macroéconomie et sociologie, efforcez-vous, sur chaque chapitre, de faire un lien entre votre chapitre d'économie et quelques références sociologiques, des graphiques de micro et de macro… La maîtrise de ces outils est un fait rare en Prépa et **c'est souvent cela qui transforme une bonne copie d'élève en une copie excellente**.

Enfin, le dernier conseil que je vous donnerai en ce qui concerne la première année en ESH, c'est de **faire confiance à vos professeurs.** Ils savent, mieux que quiconque, comment vous faire réussir. Ne vous éparpillez pas dans les lectures annexes et fichez bien leurs cours. **Ne pas prendre de retard en première année** (notamment dans le fichage de l'ESH), **c'est prendre de l'avance par rapport aux autres pour la deuxième année !**

Mes notes

....

....

....

....

....

....

....

....

....

....

....

....

....

....

....

....

Géopolitique

JULIEN V.
(HEC Paris)

Notes obtenues :
18 (ESCP)
18 (ESSEC)
16 (GEM)
18,5 (ECRICOME)

HEC PARIS

Les premiers cours de géopo peuvent dérouter, voire effrayer. En effet, ils ne ressemblent à rien de ce que vous avez connu jusque-là. Entre les chapitres de trente pages ou même plus, les premiers DS ou encore les colles, nombreux sont les éléments d'interrogations pour les nouveaux arrivants. **Voilà donc mes conseils pour réussir sa première rentrée dans le monde de la Prépa.**

Prenez rapidement le rythme en cours comme à la maison. L'arrivée en Prépa constitue une vraie rupture avec le lycée : en cours, le rythme est bien plus soutenu qu'au lycée et le travail à la maison s'accumule vite. Il faut donc commencer dès le début à travailler efficacement pour ne pas prendre de retard. **Choisissez clairement dès le début de l'année la méthode de prise de notes qui vous convient le mieux.** Cours manuscrit ou cours tapé, les deux ont leurs soutiens et leurs détracteurs, seul compte ce que VOUS ressentez. De plus, prenez au plus vite l'habitude de **ficher tous les soirs votre cours du jour et de l'apprendre au moins une à deux fois par semaine.** Sinon, vous risquez de vous retrouver très rapidement noyé(e) sous la masse de travail à fournir.

Les premiers DS : vrais rendez-vous… qui ne doivent pas vous stresser outre mesure. Tout élève de Prépa ECS a connu cette anxiété qui précède le premier samedi matin passé pendant quatre heures dans une salle à composer sur un sujet obscur. Cette peur est souvent décuplée après le rendu des copies avec des notes souvent très décevantes pour le néo-bachelier habitué aux sommets. **Un premier bon conseil, donc : ne vous mettez pas de pression pour vos premières échéances** (en HGGMC comme ailleurs). Vos premiers résultats, s'ils représentent une première indication, peuvent clairement évoluer dans un sens comme dans l'autre tout au long de vos deux années de Prépa. Donc, pas besoin de remise en question existentielle, ni de prendre la grosse tête dès les premières semaines de Prépa.

Les colles, un mythe à démythifier. Avis à tous les timides craignant plus que tout de parler à l'oral, ne vous inquiétez plus : si les premières colles sont souvent très compliquées à appréhender, vous avez deux ans pour apprendre à maîtriser l'exercice. Si certains mettent du temps à prendre la mesure de cette épreuve, c'est là que les progrès les plus rapides sont visibles. Plus généralement, ces moments sont très précieux pour savoir si vous avez suffisamment appris et approfondi votre cours. **Maîtrisez le timing spécial de**

l'épreuve (8-10 min), ses codes, notamment ceux de l'introduction, et travaillez votre expression orale, vous verrez que, très vite, cette anxiété s'envolera.

◎ Suivez l'actualité, en Prépa, c'est indispensable. L'un des principaux problèmes pour les préparationnaires est de réussir à suivre activement l'actualité, quand bien même tous les professeurs le conseillent fortement. En effet, en géopo particulièrement, les événements récents occupent une place extrêmement importante, que ce soit en introduction des colles ou de vos DS, ou même dans le développement de votre réflexion. **Personnellement, je vous conseille de prendre une trentaine de minutes par semaine pour retrouver les gros titres de l'actualité internationale.** Les sites internet des grands journaux sont des mines d'or pour cela, avec en plus beaucoup d'articles gratuits. Pensez également un soir à vous accorder une pause pour regarder un JT, manière utile de se détendre. Vous pouvez également suivre l'« actualité en bref », publiée chaque semaine sur le site de Mister Prépa.

Mister Prépa : L'actualité en bref
liennathan.fr/q82nw6

KHALIL
(NEOMA BS)

Notes obtenues :
17 (ESSEC)
18 (ESCP)
15 (ECRICOME)

NEOMA
BUSINESS SCHOOL
REIMS · ROUEN · PARIS

La géopolitique est sûrement une matière qui suscite beaucoup d'appréhension en début d'année. Plein de questions vous tracassent, mais n'ayez crainte, **ce n'est qu'avec le temps que vous trouverez une méthode de travail qui vous correspond**.

◎ Les mathématiques et la géopolitique : même combat. Pourquoi la géopolitique est une matière réservée aux étudiants titulaires d'un baccalauréat option scientifique ? La question mérite d'être posée car elle va nous permettre de connaître l'objectif pédagogique derrière cette matière. On peut dresser une analogie entre les deux matières phares du programme ECS, les mathématiques et la géopolitique (à elles seules, ces deux matières constituent plus de la moitié des coefficients de HEC). Pour les mathématiques, il vous est demandé de trouver certains résultats en raisonnant à partir de théorèmes que vous devez connaître. La dissertation de géopolitique demande une méthode similaire : c'est à partir de vos connaissances du cours et de l'actualité que vous pourrez par la suite répondre à une problématique. La suite logique et cohérente des idées est tout aussi importante que pour les mathématiques. On a, par conséquent, répondu à la première question : la géopolitique est une matière d'analyse et de synthèse !

◎ Ficher ses cours : une opération délicate ! Les fiches sont un outil personnel de révision. Je dis bien « personnel » car seule la personne ayant rédigé ses fiches opti-

mise son temps de travail en les utilisant pour ses révisions. Pour qu'une fiche soit réussie, elle doit conserver la même structure que le cours. Il est important de garder les mêmes titres et sous-titres que le cours car cet enchaînement est porteur de sens. Au fur et à mesure, vous allez apprendre à distinguer l'important du superflu et ainsi avoir des fiches qui ne seront ni trop chargées ni trop courtes.

L'objectif des premiers DS. Les premiers devoirs surveillés qui marqueront bien des matinées de samedi feront l'objet de beaucoup d'agitation. Toutefois, inutile de penser que vous allez réussir du premier coup ou que cela reflète votre niveau en Prépa. **Durant ces premiers DS, qui n'aborderont que quelques chapitres, l'objectif sera de renforcer votre maîtrise de la méthodologie de la dissertation de géopolitique.** Les premières parties du programme se concentrent sur les grandes mutations du monde pendant le xxe siècle. L'histoire est un élément incontournable des dissertations de géopolitique le jour du concours donc, ne la sous-estimez pas !

MAXIME
(AUDENCIA BS)

Notes obtenues :
15 (ESCP)
19 (GEM)

Audencia

Le maître mot de votre année : méthodologie. Vous y voilà, hier encore bien lointaine, la tant redoutée classe préparatoire aux Grandes Écoles est aujourd'hui votre quotidien. La géopolitique est une matière dont les attentes diffèrent très largement de celles de l'histoire-géo au lycée, c'est pourquoi il faut vous imprégner le plus tôt possible des attentes des correcteurs. Désormais, apprendre et recracher votre cours ne suffira pas à vous ouvrir les portes des Écoles les plus prestigieuses : c'est une condition « nécessaire mais pas suffisante » (un peu de vocabulaire mathématique ne fait pas de mal !). En effet, ce ne sera plus une composition mais une dissertation qui vous attendra en DS, et celle-ci nécessite de problématiser votre sujet. Ainsi, outre l'apprentissage de votre cours, c'est bel et bien la mise en place de la méthode que vous devrez travailler. **En ce sens, les colles et les rapports de jury des années passées seront vos meilleurs alliés : utilisez-les donc sans modération !**

La perspective historique ou le moyen de faire la différence. Vous le savez sûrement, les cours de géopolitique ne sont pas les mêmes entre la première et la deuxième année : en particulier, la première année met l'accent sur l'aspect historique du programme. Cette partie, bien souvent négligée par les carrés et les cubes à l'approche du concours, permet de marquer des points. Dans une dissertation, une sous-partie historique ou une anecdote en introduction montrent au correcteur que vous ne vous contentez pas des faits actuels et que votre travail a pu être sérieux du début à la fin de votre préparation. **De plus, une perspective historique permet bien souvent d'identifier les mutations et les enjeux majeurs au sein de chaque sujet :**

pour un commentaire de carte ECRICOME notamment, les connaissances historiques sont fondamentales !

De l'importance des sujets transversaux. Les sujets de concours en géopolitique se découpent généralement en deux catégories : d'une part, **les sujets régionaux**, qui s'intéressent à une zone géographique en particulier, et d'autre part, **les sujets globaux**. Ces derniers sont le plus souvent vus en fin de première année et passent donc à la trappe lors des révisions de deuxième année, à la veille des concours. C'est bien là que vous pouvez marquer de précieux points ! Migration, place de l'État, gouvernance mondiale ou émergence des pays du Sud sont des thématiques qui correspondent à l'actualité brûlante et qui sont donc susceptibles de tomber. De plus, les sujets transversaux sont très régulièrement proposés à ECRICOME, et déroutent bien souvent les candidats habitués aux sujets régionaux. Mais alors, comment les travailler ? La lecture d'articles de presse, la recherche d'auteurs ayant écrit sur le sujet, la collecte de chiffres précis ou le visionnage de documentaires sont les clés pour vous permettre d'avoir des billes face à n'importe quel sujet, et vous donneront des exemples concrets sur lesquels vous reposer.

JUSTINE
(Grenoble EM)

Notes obtenues :
15 (ESCP)
15 (GEM)
17 (ECRICOME)

GRENOBLE ECOLE DE MANAGEMENT

Le cours, le cours et encore le cours. La connaissance du cours est INDISPENSABLE à la réussite de la classe préparatoire. Dès le début de l'année, il faut apprendre régulièrement son cours. Il ne faut surtout pas attendre un DS ou une colle, sous peine d'être sous l'eau. **Ficher son cours est une bonne méthode d'apprentissage qui permet de se l'approprier :** que ce soit par ordinateur ou par écrit, les fiches permettent de regrouper toutes les informations importantes. Sans connaissance du cours, il sera impossible de réaliser une dissertation. Contrairement à la composition du baccalauréat, la dissertation n'est pas la récitation de connaissances mais l'analyse d'une problématique. **Il s'agit d'un travail de réflexion. Le cours de première année de classe préparatoire pose des bases historiques et est nécessaire à la compréhension du cours de deuxième année.** Il ne faut pas prendre de retard sous peine de répercussions aux concours.

Diversifier ses sources de révision. La diversification des sources d'information et de connaissances est également importante dans une perspective de réussite. Vous pouvez trouver de nombreuses ressources (vidéos, articles, podcasts) sur Internet. Je vous recommande l'émission *Le Dessous des cartes*, qui traite en profondeur de sujets géopolitiques au travers de cartes. Vous pouvez la retrouver sur **YouTube**. Les **podcasts *Enjeux internationaux* et *Affaires étrangères* de France Culture** sont également très pertinents. De même, la revue bimensuelle *Conflits* peut se révéler très utile comme outil de révision.

◎ Suivre l'actualité : un indispensable. Suivre l'actualité est indispensable en classe préparatoire aux Grandes Écoles. **Je vous conseille un suivi TRÈS RÉGULIER de l'actualité, mais ce dernier ne doit pas être trop chronophage** (pas plus d'une demi-heure par semaine). Le compte Instagram **Hugo Décrypte** peut s'avérer très intéressant car chaque jour il publie « Les 5 actus du jour ». Hugo Décrypte réalise également des vidéos sur YouTube comme « Les 5 actus de la semaine ». De même, Mister Prépa réalise un travail de veille de l'actualité et publie chaque lundi sur son site « L'actualité en bref ».

◎ La cartographie : une épreuve à appréhender dès la première année. Si vous avez des lacunes en géographie, profitez de la première année pour les combler. **Cela s'avérera un gain de temps pour la deuxième année. Je vous conseille d'apprendre, continent après continent, à placer les pays, et d'apprendre également le nom de leur capitale.** De nombreux sites vous permettent de tester vos connaissances, par exemple le site www.jeux-geographiques.com. De même, profitez de la première année pour vous entraîner à la réalisation de cartographies afin de vous familiariser avec la méthode.

De plus, il est important « d'investir » dans un matériel de qualité, et ce, sans se ruiner. Voici une liste non exhaustive du matériel à avoir pour la réalisation d'une bonne cartographie :
- une boîte de 12 ou 18 crayons de couleur pour les figurés de surface (à titre d'exemple, j'utilisais les Bic Kids – Evolution ECOlutions) ;
- des feutres fins pour les figurés ponctuels (pour ma part, j'utilisais les Paper Mate Flair M) ;
- une règle, idéalement de 20 cm ;
- un normographe pour réaliser des figurés ponctuels propres (j'utilisais la règle Minerva n° 46) ;
- une gomme très fine pour pouvoir gommer dans les moindres recoins ;
- un taille-crayon, un stylo à bille bleu mais aussi un stylo à bille noir et des mouchoirs.

YouTube
Le Dessous des cartes
liennathan.fr/24tg9n

YouTube
HugoDecrypte
liennathan.fr/2wni48

Podcast France Culture
Affaires étrangères
liennathan.fr/3utf78

Mister Prépa
L'actualité en bref
liennathan.fr/q82nw6

Podcast France Culture
Enjeux internationaux
liennathan.fr/s45i7x

Instagram
HugoDecrypte
liennathan.fr/48drx6

Jeux Géographiques
liennathan.fr/2u8x3h

Mes notes

Culture générale

BENJAMIN
(SCIENCES PO)

Notes obtenues :
17 (HEC)
17 (EMLYON)
17 (ECRICOME)
* Concours 2016, il n'y avait pas encore la fusion HEC/EM en CG.

SciencesPo

En première année, vous n'avez pas de thème, donc pas de panique : cette année est faite pour que vous adoptiez les bases de la dissertation de culture générale, et surtout la méthode.

La méthode est l'élément le plus important de votre dissertation : **c'est à travers votre plan, qui doit être clair, que votre correcteur percevra votre raisonnement** et se fera une idée de votre note. Une copie avec un plan flou et dont on ne distingue pas les différentes parties se verra par conséquent attribuer une note très faible. Bien évidemment, des paragraphes creux sans référence ni argumentation ne feront pas de votre copie une bonne copie, **mais en première année, votre objectif est d'acquérir la bonne méthode**.

Il ne faut bien évidemment pas mettre de côté la culture générale, non seulement parce que c'est une matière avec des coefficients non négligeables au concours (entre 4 et 6 selon les Écoles), mais aussi parce qu'en première année, vous allez vous forger une culture générale qui vous sera très utile lors de vos oraux.

Cette première année de culture générale n'est donc pas **décisive** (ne paniquez pas si vos notes ne décollent pas) mais elle reste **importante** puisque la méthode que vous allez développer vous servira également pour construire vos plans **en ESH/HGG ou en essais de langue**.

Mon conseil pour aborder cette première année serait alors de vous concentrer sur des sujets : apprenez à réfléchir aux sujets posés en colle ou que vous aurez en DS, passez vraiment du temps à **retourner le sujet dans tous les sens pour en extirper toutes les significations et essayez de les articuler intelligemment pour en faire un plan logique et en trois parties**.

La première partie est généralement la réponse la plus évidente au sujet posé (ou à votre problématique, si le sujet n'est pas une question). La deuxième partie doit montrer les limites des arguments présentés en première partie, pourquoi ils posent problème. Reprenez alors votre première réponse et revenez dessus pour proposer une autre solution. **Enfin, votre troisième partie n'offre pas de réponse évidente au sujet mais dépasse l'opposition** entre vos deux premières parties. Vous devez apporter un regard nouveau sur le sujet en questionnant par exemple les autres termes du sujet.

Entraînez-vous à faire des plans mais également à **rédiger proprement des introductions**. Vous pouvez passer les trente premières minutes à réfléchir au sujet et vingt minutes pour rédiger une bonne introduction qui donnera le fil conducteur de votre dissertation. **L'introduction est la première impression** que vous donnez à votre correcteur mais c'est aussi au sein de l'introduction que le correcteur va découvrir votre démarche de raisonnement face au sujet qui vous a été posé. **Votre introduction doit être claire et organisée.** Commencez par faire une amorce qui doit interpeller le correcteur (référence ou paradoxe auquel vous fait penser ce sujet) puis prenez le temps de bien définir les termes. **Vous devez aborder chaque mot du sujet et dans tous les sens possibles.** Puis reliez ces définitions à votre sujet et questionnez le sujet : mettez en évidence des paradoxes à la réponse au sujet en faisant jouer les différents sens de chacun des mots. Enfin, venez-en à votre problématique, qui doit être assez large et explicite pour cerner **tout le sujet mais rien que le sujet (prenez garde au hors-sujet)**.

Attention cependant, vous ne devez pas annoncer votre plan en culture générale à la fin de votre introduction (contrairement à l'ESH ou l'HGG). Vous annoncez des pistes de réflexion mais en aucun cas vous n'écrirez : « D'abord, nous verrons que… puis que… »

Toujours est-il qu'il n'y a pas de raison de stresser en première année : travaillez votre méthode, ce n'est pas toujours facile mais cela vous servira pour toutes vos dissertations ! La suite se jouera en deuxième année !

PIERRE
(EDHEC BS)

Notes obtenues :
17 (ESSEC/EDHEC)
15 (HEC/EMLYON)

EDHEC BUSINESS SCHOOL

Lors de votre entrée en classe préparatoire, on vous annonce que le thème du concours sera décidé lors de votre entrée en deuxième année. Vous pouvez donc penser que travailler dès la première année serait vide de sens. Cependant, mes notes aux concours ont davantage été le reflet du travail fourni durant ma première année que ma deuxième. **Mais pour quelles raisons ?**

Tout d'abord, retenez que votre deuxième année sera extrêmement courte. Vous ne trouverez pas la méthode par une illumination la veille du concours, malheureusement… La première année est celle qui vous laisse le temps ! **Vous devez absolument maîtriser la méthode avant d'entrer en deuxième année.** C'est donc là que vous vous dites que Mister Prépa vous sauve, car je vous ai écrit un article intitulé « Une recette miracle pour la philo ? ». Ce dernier vous explique étape par étape comment aborder la méthode qui vous assure les meilleures notes à coup sûr. **Veillez donc à bien comprendre la méthode avant votre entrée en deuxième année.**

Par ailleurs, bien que le thème soit décidé pour votre entrée en deuxième année, **il est toujours pratique de maîtriser les thèmes de première année.** Un sujet de concours est toujours composé de deux mots centraux. Par exemple, le sujet EDHEC/ESSEC de 2020 était « Désir et réalité », faisant *de facto* appel à un autre thème que celui du désir. Vous aurez donc pour avantage de connaître par exemple une étymologie, une référence littéraire, philosophique ou encore cinématographique sur le sujet, grâce à vos cours de première année. *In fine*, maîtriser ses cours de culture générale dès la première année est un avantage indéniable pour atteindre des notes élevées.

Mais alors, reste à énoncer comment travailler. **En première année, je vous conseille de commencer à analyser de nombreux sujets et de bonnes copies d'étudiants. La méthode viendra, peu à peu, par déclic.** Ne vous inquiétez pas si vous entrez en deuxième année sans atteindre les notes que vous souhaitez aux concours. **Cependant, vous devez faire le maximum pour entrer en deuxième année avec une méthode presque acquise.**

Quand je dis « méthode », je ne parle pas de simplement savoir qu'il y a trois parties dans une dissertation, je parle de la façon d'analyser, de lire les sujets, de faire votre troisième axe. Mais je réitère, nous vous avons déjà fait tout le « sale boulot » sur le site de Mister Prépa, il vous suffira de lire et d'appliquer.

Je voudrais enfin terminer sur la partie plus « concrète » et sur les points à valider pour s'assurer de bonnes notes lors des épreuves. Il y a plusieurs choses à comprendre : **la première est que, en culture générale, rien ne sert de mettre une centaine d'auteurs par paragraphe. Je vous conseille plutôt d'apprendre peu d'auteurs, mais que vous comprendrez à la perfection et que vous adapterez aux différents sujets.** Deuxièmement, apprenez les titres d'ouvrages des auteurs pour les citer lors des dissertations car, avant même d'être corrigée, **une copie envoie certains signaux sur son « standing » et sa qualité** : le respect de la méthode, les ouvrages soulignés qui font bonne impression, etc. Ainsi, vous devez apprendre peu d'auteurs, mais vous devez absolument les citer avec précision.

Cette entrée en première année est donc le moment de repartir sur de bonnes bases, car vous avez du temps pour progresser. Pour ceux n'ayant pas tout compris au lycée, c'est le moment ou jamais de tout reprendre. Pour ceux ayant encore beaucoup de références du lycée en tête, je vous conseille de toujours vous en servir et de les citer de nouveau dans vos copies, ce qui sera toujours valorisé.

Article Mister Prépa : Une recette miracle pour la philo ?

liennathan.fr/73nhh8

ZAKARIA
(EMLYON BS)

Notes obtenues :
17 (HEC/EMLYON)
17 (ESSEC/EDHEC BS)
18 (ECRICOME)

em
lyon
business
school

À peine arrivé(e) en Prépa, vous êtes obnubilé(e) par cette fameuse et immense charge de travail, notamment en culture générale. C'est pourquoi une préparation sérieuse et régulière dès la première année vous conduira très certainement à avoir d'excellentes notes aux différentes dissertations que vous aurez à rédiger lors de vos concours en deuxième année.

Vous avez peut-être entendu vos aînés vous rappeler à quel point il serait – selon leurs dires – absolument anodin de travailler la culture générale dès la première année, ou encore que les notes sont si aléatoires que travailler cette matière importe peu par rapport aux maths ou à l'ESH/Géopo. Or, ce serait une réelle erreur que de nier le fait qu'au-delà des **coefficients énormes** que représente la culture générale aux concours, son apport est incontestablement important en première et en deuxième année ! D'ailleurs, le travail effectué contribue pleinement à votre réussite aux concours en deuxième année, dans le sens où les références de première année sont de réelles clés pour se distinguer aux écrits ou préparer les épreuves orales de CSH. C'est d'autant plus vrai qu'un entraînement récurrent à l'épreuve de dissertation de CG en première année **d'une part améliorera votre style d'écriture et votre syntaxe, et d'autre part renforcera vos compétences analytiques**. L'ensemble des sujets communément dits « assez vagues » sur lesquels vous travaillerez en première année élargira votre champ de réflexion et vous préparera inéluctablement de la meilleure manière qui soit aux sujets autour de votre thème de deuxième année. En outre, cet ensemble vous permettra d'élargir votre vocabulaire philosophique en vous enrichissant en matière de concepts, textes et figures.

En effet, le triptyque « concepts, textes et figures » est la pièce maîtresse de votre réussite en CG aux concours. En vertu de quoi, dès la première année, il est tout d'abord **capital de se doter d'un dictionnaire personnel** grâce aux cours et aux lectures, et de s'entraîner à l'analyse des énoncés grâce aux colles, aux dissertations et aux entraînements régulièrement effectués en classe. Ensuite, il faut lire attentivement les textes qui accompagnent le cours, les reprendre personnellement et régulièrement. Enfin, vient le moment connu de tous qui consiste à étudier et mémoriser les grandes figures littéraires qui éclairent votre thème de culture générale (ex. : L'animal en 2021, Aimer en 2022…). Tenez un **dictionnaire des personnages**. Ces trois exigences parachèveront les efforts que vous ferez par ailleurs : avec cela, vous êtes paré(e) pour savoir comment progresser au regard des enjeux qui vous attendent !

Mes notes

Langues

IMANE
(SKEMA BS)

Notes obtenues :
17,4 (LV1 ELVI)
16,3 (LV1 ECRICOME)
18 (LV1 IENA)

skema BUSINESS SCHOOL

Les langues étrangères sont souvent perçues comme des matières secondaires, voire mises de côté, notamment lorsqu'il s'agit de la LV2. Pourtant, c'est peut-être sur les langues que vous pourrez **faire la différence**. En effet, un acquis en langue est comme un acquis en mathématiques : dès qu'un point est compris, il est plus facilement identifiable et de ce fait applicable. **Alors mon premier conseil est de ne pas mettre de côté les langues mais au contraire de trouver un créneau qui leur sera dédié.**

Consolidez vos bases ! Par exemple, faites des langues un jour sur deux. Et pour consolider vos bases ou même les créer, rien de mieux qu'une maîtrise des fondamentaux de la grammaire. Pas de remède magique pour ce point, juste de la pratique. **Vous avez l'embarras du choix : annales des différentes banques d'épreuves, livres traitant des points grammaticaux, articles en ligne…**

Si vous avez des difficultés, notamment en grammaire, commencez par étapes (pour éviter de vous lancer dans des traductions littéraires poussées) en vous focalisant sur des thèmes de type « phrases » pour bien cibler les points de grammaire attendus. **Faites un maximum de grammaire et reprenez vos faiblesses. En traduction, la notation est dégressive :** vous avez d'office 20 puis la note diminue au fur et à mesure des fautes. Regardez donc là où vous perdez le plus de points, focalisez-vous sur des points grammaticaux bien précis, avec le bon vieux livre de grammaire, repérez les structures grammaticales des annales des années passées (littéraires oblige, si vous visez les Écoles BCE en priorité) et lancez-vous !

Concernant le vocabulaire, rien ne sert d'en apprendre et d'en apprendre ! Privilégiez un apprentissage thématique. Suivre l'actualité à l'aide d'applications mobiles ou en vous abonnant à des chaînes YouTube est également une double opportunité : non seulement vous vous exercez en lisant dans la langue cible mais vous mettez aussi votre civilisation à jour ou vous apprenez de nouveaux points.

Ne renoncez pas ! Il ne faut pas s'avouer vaincu lorsqu'on a des difficultés : il est interdit de s'autoproclamer nul dans la matière ! Personne n'est nul, ôtez-vous ces idées de la tête et vous verrez que rien qu'avec cette action, vous repartirez sur de bonnes bases en ayant une nouvelle approche de vos difficultés et des langues.

MAÏWENN
(ESSEC BS)

Notes obtenues :
16 (LV1 ELVI)
16 (LV2 ELVI)
18,75 (LV1 ECRICOME)

ESSEC BUSINESS SCHOOL

Quelques conseils pour aborder les langues en première année, en toute sérénité :

Se mettre à jour sur les bases. Que ce soit **la grammaire, la conjugaison ou le vocabulaire courant**, évitez au maximum les lacunes dès le début qui conduisent à des fautes considérées comme bêtes par les correcteurs et sont donc lourdement sanctionnées ! C'est le moment de revoir vos verbes irréguliers et de découvrir les fiches thématiques de vocabulaire présentes sur le site de Mister Prépa !

Comprendre en quoi consistent les différentes parties de l'épreuve. « Thème », « version », ces termes sont encore sombres pour vous ? Vous pouvez déjà **lire de bonnes copies d'élèves** que vous trouverez notamment sur le site de Mister Prépa pour comprendre ce qui est attendu de vous. Les exigences sont en effet différentes : alors que 8 points sur 20 sont consacrés au contenu pour l'essai, les exercices de traduction reposent quasi exclusivement sur la justesse des expressions employées.

Télécharger les applications des différents journaux nationaux. Pour ne citer qu'eux : ***El País* pour l'espagnol, *The Guardian* et *BBC News* pour l'anglais**… Cela vous permettra d'être averti(e) par notification des dernières nouvelles, ce qui vous incitera à prendre le temps de checker ça régulièrement (dans les transports, devant votre tasse de café matinale…). **En plus d'enrichir votre vocabulaire et vos structures grammaticales, vous accumulerez du contenu pour vos essais.** Et bien sûr, n'hésitez pas à consulter les revues de presse sur le site de Mister Prépa, notamment pour vous mettre à jour sur les nouvelles de l'été : cela vous facilitera le travail.

Mister Prépa Langues
liennathan.fr/k83k5n

CLÉMENCE
(ESCP BS)

Notes obtenues :
20 (LV2 ECRICOME)
15 (LV2 ELVI)

En première année, il est normal d'arriver en Prépa en se sentant totalement **largué par le niveau**. Et non, les langues en Prépa ne sont pas du tout comme au lycée. Et oui, **les langues, ça se travaille !**

Alors si « les langues, c'est pas votre truc », le coefficient de la LV1 varie **de 4 à 8** et celui de la LV2 **de 3 à 6** selon les Écoles. De quoi faire la différence, non ? **D'autant que les langues sont présentes à l'écrit mais aussi à l'oral.**

La méthodologie pour travailler les langues est bien différente de celle du lycée. D'abord, il vous faudra maîtriser la grammaire comme un chef. Au concours, si vous voulez pouvoir briller avec des expressions idiomatiques, il faut avant tout écrire dans une langue irréprochable. **La première des choses est donc d'éviter les fautes de langue.** Si vous voulez progresser, cherchez d'abord à identifier vos fautes récurrentes. Ce que je vous conseille, c'est de vous faire une « Black List » où vous écrirez, après chaque DS, les fautes que vous avez commises dans vos essais. L'objectif sera de ne plus reproduire ces erreurs, et, croyez-moi, identifier vos fautes de langues, c'est ce qui vous permettra de **progresser rapidement**. D'autant plus que les essais représentent 60 % de la note finale aux concours BCE.

Ensuite, pour progresser en thème, il est très utile de **connaître du vocabulaire thématique. Vous le verrez rapidement, en traduction, ce sont souvent des mots de la même famille qui reviennent.** Ce que je vous conseille : il existe de petits livres avec du vocabulaire thématique, notamment en anglais, qui sont très utiles (les verbes de regard ou le vocabulaire de la maison **sont par exemple précieux pour les thèmes suivis**). Le vocabulaire du travail vous sera également très utile pour les essais. Vous pouvez ainsi vous fixer 20, 30 ou 40 nouveaux mots à apprendre par semaine, que vous essayez de revoir tous les jours pour bien les assimiler. Rentrez-les par la suite dans **Anki ou Quizlet** et dès que vous aurez une pause (dans les transports, par exemple), vous pourrez les revoir. Vous verrez, ça rentre très vite !

Pour l'espagnol, il est essentiel de bien maîtriser la grammaire. À ce titre, vous pouvez faire des annales LV2 ECRICOME. Réviser des phrases de thèmes grammaticaux vous permettra de comprendre l'articulation des modes et des temps dans les phrases, et donc d'éviter de faire de graves erreurs qui peuvent vous coûter cher le jour du concours ! Pour le vocabulaire, vous pouvez regarder des séries sous-titrées dans la langue pour mémoriser l'orthographe des mots que vous y apprendrez. Si vous voulez faire d'une pierre deux coups et apprendre à la fois du vocabulaire et réviser votre civi, vous pouvez regarder des vidéos de la chaîne **VisualPolitik ou de la BBC, elles existent en anglais, espagnol et allemand.**

Enfin, **il est courant que les sujets qui tombent aux concours s'inspirent de thèmes d'actualité de l'année précédente, puisque ceux-ci sont décidés en décembre.** Il est donc utile de prendre des notes et même de se faire des **fiches d'actualité** sur les événements qui se déroulent dans l'année entre la première et la deuxième année (ou entre la deuxième et la troisième année si vous êtes un(e) cube) afin de maîtriser ces sujets.

SHARMILA
(AUDENCIA BS)

Notes obtenues :
18 (LV2 ECRICOME)
16,6 (LV2 ELVI)
16 (LV1 ECRICOME)

Audencia

Que vous ayez déjà de bonnes notes en langue ou que vous soyez à la ramasse dans ce domaine, il y a toujours moyen de **gagner facilement des points** dans ces matières, alors **ne les négligez pas**.

En ce qui concerne le vocabulaire, vous pouvez bien sûr apprendre des listes par thèmes, mais si vous ne trouvez pas le temps pour le faire, je vous conseille d'**acheter un petit cahier pour chaque langue**. Dans un premier temps, **apportez ce cahier en cours** et notez-y tous les mots (et leur traduction) que vous ne connaissez pas et que vous lisez dans des articles, dans des traductions ou que vos profs vous donnent. Reprenez ensuite ce cahier de temps en temps et **surlignez les mots** qui vous semblent importants à retenir. Enfin, dès que vous avez un peu de temps, **transférez ces mots dans des applis comme Quizlet ou Anki** pour les retravailler et qu'ils deviennent de plus en plus familiers. Le fait d'avoir découvert ces mots dans un **contexte particulier** peut vous permettre de les retenir plus facilement qu'en apprenant une liste de mots qu'une autre personne aurait créée.

Pour le thème et la version (mais aussi l'essai), la grammaire est très importante. **Dès que vous voyez un point de grammaire en cours, faites-en une fiche :** notez la règle puis un exemple de phrase (facile à retenir) où elle s'applique, avec sa traduction en français. Vous pouvez aussi le faire après une correction de DS où vous avez été confronté(e) à cette règle que vous ne connaissiez pas. Inscrivez alors sur votre fiche **l'exemple directement tiré du DS** car il s'inscrira facilement dans votre esprit.

L'essai n'est pas à négliger car il ne suffit pas de blablater en alignant des mots. **La forme et la langue sont très importantes.** Je vous conseille d'apprendre quelques **expressions et mots de liaison** que vous pourrez toujours réutiliser pour lier vos idées. De la même manière, il ne faut pas juxtaposer des parties qui n'auraient rien à voir entre elles. Essayez de lier vos parties et de structurer votre essai : il faut qu'il y ait un **fil conducteur** qui amène à une **réponse à votre problématique**.

Sur le fond, faites des fiches thématiques dès que vous voyez un point de civi en cours. Un cours sur la monarchie au Royaume-Uni ? Fichez-le rapidement avec par exemple deux dates marquantes, deux figures importantes et un ou deux chiffres pertinents. Par ailleurs, n'hésitez pas à nourrir vos essais de **références originales** (dans la limite du raisonnable, évidemment). Ainsi, ne culpabilisez pas si vous voulez vous détendre en dehors de la Prépa en regardant un film ou en lisant un livre, mais tentez de **cibler ce**

que vous regardez/lisez. Vous pourrez réutiliser ces références en essai. Profitez d'être en Prépa pour lire *To Kill a Mockingbird* de Harper Lee ou pour voir des films de Ken Loach. Vous trouverez également sur le site de Mister Prépa des **exemples de films à voir pour illustrer vos essais.** Votre capacité à bien intégrer ces références (classiques/reconnues) pour illustrer vos arguments sera appréciée par les professeurs de langue, qui sont souvent adeptes de littérature et de cinéma.

DAMIEN
(SKEMA BS)

skema
BUSINESS SCHOOL

Et quand on n'est pas bon en langues et qu'on veut limiter la casse ?

Je vais, dans cette partie, m'adresser seulement à une petite partie des élèves : ceux qui arrivent en classe préparatoire avec d'**énormes lacunes, ceux qui dès les premiers cours/colles/DS vont sentir un énorme gap entre leur niveau et celui des autres**. C'est exactement ce qui s'est passé pour moi en anglais à mon arrivée en Prépa, avec un niveau extrêmement faible face à de telles exigences. Je vais donc vous donner les **solutions que j'ai pu trouver durant la première année afin de réussir mes concours et d'obtenir des notes qui, loin d'être rédhibitoires,** m'ont permis d'intégrer l'École que je souhaitais.

Contextualisons un petit peu : j'arrive en première année avec des notes « honorables » au bac (11 en anglais) mais très faibles au vu des notes de mes camarades de classe, et je ne m'étais pas planté le jour du bac, je n'étais simplement pas bon en anglais. Le résultat ne s'est pas fait attendre puisque j'ai obtenu une note inférieure à 2 au premier concours blanc en Prépa. J'étais donc obligé de progresser car, avec de telles notes, aucune École ne m'aurait ouvert ses portes. Je vais ainsi vous expliquer comment **j'ai réussi à progresser assez rapidement pour être prêt le jour des concours**.

Pour l'anglais, il est essentiel de revoir les bases car énormément de choses que l'on pense acquises sont fausses, **nos intuitions sont fausses, il faut donc commencer par la grammaire de base**. Pour cela, il existe des livres spécialisés (*Grammaire raisonnée* 1 et 2, chez Ophrys) avec une page de cours et une page d'exercices souvent corrigés. Il existe le niveau 1 correspondant au lycée puis le niveau 2 pour les études supérieures et j'ai commencé par le niveau 1, je l'ai fini en entier avant d'attaquer le niveau 2. Même si cela peut paraître barbant, **c'est selon moi un passage obligé pour progresser et comprendre la langue anglaise**. Il ne faut pas commencer par les versions/thèmes si votre niveau est vraiment faible mais bien par des livres de grammaire. Je faisais en première année deux pages par jour, l'équivalent d'une trentaine de minutes.

Je conseille également de lire différents médias anglophones tous les jours, dans les transports notamment. Pour ma part, je faisais 10 minutes chaque matin et 10 minutes chaque soir dans le bus. Cependant, **cette lecture ne doit pas être passive mais bien active**, c'est-à-dire qu'il faut réfléchir à chaque tournure de phrase, pourquoi c'est ce présent qui est utilisé et pas un autre, et en plus de ça, je conseille de traduire tous les mots qui ne sont pas connus et de les insérer à sa liste de vocabulaire. De même, les articles en rapport avec l'actualité/civilisation anglophone doivent être pris en note pour les essais.

Pour le vocabulaire, enfin, il est impératif de lire très régulièrement les listes faites par vos soins mais aussi des listes en rapport avec les thèmes de l'année, c'est-à-dire du vocabulaire assez socio-économique. N'oubliez pas non plus de plonger dans des livres de vocabulaire plus classique (vie quotidienne, caractéristiques physiques, mouvements et gestes, manières de parler). **Si vraiment vous n'arrivez pas à apprendre de cette manière, des applications mobiles sont très bien faites, comme Quizlet où vous pouvez créer vos propres listes ou vous servir de celles de vos amis.**

Sachant combien l'anglais et le sommeil sont importants en Prépa, j'avais décidé d'allier les deux en **lisant pendant 15-20 minutes un livre en anglais avant de me coucher**. Ça me permettait d'une part de bien dormir et d'autre part de progresser. Personnellement, j'avais choisi *Harry Potter*.

Ayez bien en tête qu'il n'est jamais trop tard puisque même avec un niveau dérisoire en début de première année, vous pouvez être prêt(e) le jour du concours. Cependant, tâchez de vous y **mettre très tôt car le travail est important**, les mois passent vite et il sera beaucoup plus compliqué de rattraper votre niveau en deuxième année.

Mes notes

....

....

....

....

....

....

....

....

....

....

....

CG - Contraction de texte

ARTHUR
(EDHEC BS)

Notes obtenues :
16 (HEC)
15 (ECRICOME)

EDHEC BUSINESS SCHOOL

Si vous venez d'entrer en classe préparatoire, vous rencontrerez deux épreuves majeures concernant la contraction de texte : **l'épreuve ECRICOME** (pour les écoles de la banque ECRICOME) et **l'épreuve HEC** (pour les écoles de la banque BCE, sauf celles qui ont choisi la synthèse). Si, sur le papier, ces deux épreuves portent le même nom, elles diffèrent en réalité sur un certain nombre de points. **Comprendre la finalité des épreuves est alors indispensable avant de comprendre la philosophie de la contraction de texte.**

Notez les différences entre les deux épreuves. La première chose à faire pour bien appréhender la contraction est de **noter les différences entre les deux épreuves.** Ces dernières portent sur la durée, le nombre de mots imposés et la présence ou non d'un titre au début du résumé. L'étude de ces règles est un prérequis indispensable afin d'adapter sa stratégie en fonction de l'épreuve à laquelle vous faites face. En effet, les deux épreuves demandent une approche différente et il vous faudra, grâce à la connaissance de ces nuances, **trouver une méthode qui vous convient pour chacune d'entre elles.**

Notez les points communs. La deuxième chose à faire est d'étudier les règles qui sont communes aux deux épreuves, **et qui vaudront peu importent** le type d'épreuve et le texte face auquel vous vous trouverez. Celles-ci sont plus ou moins simples, et ne relèvent parfois que de la forme, **mais sont des conditions *sine qua non* pour ne pas faire face à un biais négatif de la part du correcteur** (biais qui pourrait vous coûter assez cher dans la mesure où vous feriez partie des candidats n'ayant pas fait l'effort de respecter la forme attendue). Vous devrez également veiller à **ne pas abuser des fautes d'orthographe** (pour cela, la lecture reste votre meilleure alliée même s'il peut être intéressant d'aller revoir des règles de base présentes sur des sites spécialisés).

Ces deux points constituent un travail de fond, qui doit s'effectuer tout au long de la Prépa, et qui vous servira pour d'autres matières à rédaction (rappelons que jusque très récemment, le nombre de fautes lors de l'épreuve de culture générale EMLYON était sanctionné !). Du point de vue de la forme, **respecter des règles très simples permet d'éviter de perdre des points inutilement.** Il ne faut surtout pas oublier, par exemple, de faire apparaître le décompte avec un signe du type « // » et de reporter le nombre de mots atteint dans la marge (50, 100, 150…), et ce jusqu'à la fin. De plus, il est conseillé de ne pas oublier le titre lors de l'épreuve ECRICOME, ce qui vous ferait perdre un point (qui peut être décisif à la fin des concours) et vous en ferait gagner un s'il est pertinent et si vous avez d'ores et déjà plus de 8 (comme quoi, vous pouvez réaliser d'une pierre deux coups).

Enfin, après avoir appris ces règles (différentes ou communes aux deux épreuves), il peut être utile de s'intéresser à comprendre la philosophie de l'épreuve (je vous invite, à cet égard, à aller voir les conseils donnés pour les deuxième année, qui peuvent très bien vous servir dès vos premières contractions !)

MARIE
(EMLYON BS)

Notes obtenues :
18 (HEC – Carré)
17 (HEC – Cube)

em lyon business school

Si la contraction de texte peut paraître relativement intuitive, en réalité, **elle ne s'improvise pas : très codifiée**, cette épreuve ne ressemble à aucune autre en classe préparatoire. Maîtriser la forme et les conventions de la contraction est donc une condition essentielle de votre réussite, quoique non suffisante : **puisque la rigueur de la méthode ne remplacera jamais la richesse des idées, il s'agit d'allier forme et conventions avec un contenu précis et exigeant.** Voici donc cinq conseils pour, dès la première année, aborder de front les attendus de cette épreuve un peu particulière.

◎ Se familiariser avec le style de texte. Souvent extraits d'ouvrages critiques, d'essais ou autres, il est rare que les textes à contracter soient parfaitement lisibles et évidents pour les étudiants. Pour éviter d'être déstabilisé(e) par un style d'écriture souvent élaboré, **commencez à vous familiariser dès la première année avec le style de texte, en lisant une annale une fois par semaine, par exemple. Vous gagnerez un temps de compréhension précieux le jour du concours !**

◎ Apprendre à lire et à comprendre VITE. Vous devez garder à l'esprit que **la contraction est aussi une épreuve de rapidité**. Les textes à contracter faisant au moins cinq ou six pages, **il s'agit de s'imposer un temps limite de lecture (environ 20-25 minutes)**, au-delà duquel vous commenceriez à perdre du temps pour la suite de l'épreuve. **Attention toutefois à ce que la rapidité de lecture ne prenne pas le pas sur la compréhension**, qui est tout à fait déterminante sur cette épreuve.

◎ S'entraîner à reformuler. La reformulation des idées est une étape décisive dans la contraction de texte, à laquelle vous devez impérativement consacrer du temps. Si vous êtes tenté(e) de reprendre trop souvent les belles formulations ou les mêmes termes clés, votre copie sera vaine. **Vous pouvez et devez TOUJOURS reformuler : cherchez des synonymes, pensez à des tournures neuves qui reprennent les idées du texte…** D'où l'intérêt de lire des annales pour enrichir son répertoire de formules élégantes et de vocabulaire précis !

S'entraîner à synthétiser. Il existe de nombreuses astuces pour synthétiser son propos et économiser les mots : **utiliser des participes présents, des appositions, les deux points (:), regrouper plusieurs phrases en une…** À force de pratique et d'habitude, vous développerez des automatismes. **Lisez des bonnes copies** pour vous imprégner de l'esprit de synthèse !

Rester neutre. Il ne s'agit à aucun moment d'un exercice critique de prise de position. **Restez fidèle à la thèse de l'auteur et à ses arguments !**

Mes notes

Synthèse de textes

CLÉMENCE
(ESCP BS)

Note obtenue :
17 (ESCP)

ESCP BUSINESS SCHOOL

En première année, il est essentiel de bien connaître les épreuves. **Si le résumé et la contraction peuvent se ressembler, l'épreuve de la synthèse est totalement différente.**

Tout d'abord, il n'y a pas un texte mais trois. L'objectif est donc d'identifier une problématique commune, qui se découpe en trois points de confrontation. Pour voir à quoi ressemble une synthèse, vous pouvez vous rendre sur le site internet de Mister Prépa !

Conseils méthodologiques. Commencez par regarder la source de chaque texte (le nom de l'auteur, le nom de l'œuvre mais également la **date**, car cela peut faire la différence). **Si vous connaissez déjà l'un des auteurs, cela peut vous aider dans la compréhension de sa pensée.** Si ce n'est pas le cas, pas de panique, cela arrive aussi à beaucoup d'autres candidats ! Je vous conseille ensuite de faire une **lecture rapide des textes** pour prendre leur température mais également identifier un texte qui se détache des autres (par le ton plus polémique ou l'ironie employée, par exemple).

Vous pouvez construire une grille avec trois colonnes pour les trois textes et une quatrième colonne dans laquelle vous noterez les points de confrontation entre les textes. Après la première lecture, vous devriez avoir identifié le thème commun aux trois textes. Ensuite, commencez par résumer au brouillon, dans votre première colonne, **le texte le plus général**, qui semble englober les enjeux les plus larges. Faites ceci pour les trois textes, en terminant par celui qui semble se détacher un peu des autres.

À partir de vos notes, vous pouvez identifier trois points de confrontation entre les auteurs. Ceux-ci vous permettront de trouver trois questions qui introduiront les trois paragraphes dans lesquels vous retranscrirez les points de convergence ou d'opposition entre les trois auteurs. N'oubliez surtout pas que dans vos trois paragraphes doivent apparaître les trois auteurs !

Les connecteurs logiques sont très importants en synthèse, ce sont eux qui vous permettront d'articuler les différents points de vue des auteurs. Vous pourrez retrouver une fiche sur les connecteurs logiques sur le site internet de Mister Prépa. Pour avoir une bonne note en synthèse, il vous faut bien repérer les points abordés par **tous les auteurs** et les articuler au sein d'un paragraphe de manière intelligente. Vous devez remarquer quand deux auteurs semblent s'accorder sur un point, tout en nuançant leur pensée. Vous devez également remarquer quand un auteur a une opinion totalement différente des autres.

Enfin, le ton employé est extrêmement important. L'auteur est-il polémique ? ironique ? inquiet ? Il faudra le noter pour bien montrer que vous l'avez remarqué.

Fiche Mister Prépa : Les connecteurs logiques
liennathan.fr/5s7d6p

JULIEN B.
(ESCP BS)

Note obtenue :
19 (ESCP)

La synthèse est un exercice de style. Si je n'avais qu'un seul conseil à vous donner pour la synthèse, ce serait le suivant : **soyez journalistique.** Quand vous rédigez une synthèse, mettez-vous à la place d'un journaliste qui doit rédiger son article. C'est bête mais ça marche. Pendant mes synthèses, je me posais la question : « Qu'est-ce qui sonne journalistique ? » Un conseil qui m'a aidé à comprendre l'objectif de l'épreuve est le suivant : **la synthèse est une dissertation à l'envers, c'est-à-dire que les trois questions que l'on doit poser représentent les trois parties de la dissertation**.

Une méthode originale. La plupart des étudiants font un tableau avec les trois textes dans lequel ils marquent les points communs et les différences entre ces textes. Personnellement, je n'utilisais pas cette méthode. Elle est, selon moi, trop scolaire et le correcteur prendra en compte le fait que vous n'ayez pas un style évolué mais scolaire. Bien sûr, libre à vous de trouver quelle méthode fonctionne pour vous. Je ne fais que vous livrer la mienne. **Ma méthode :** je commence par **lire les trois textes sans rien écrire au brouillon** mais vraiment pour me concentrer sur le thème commun des textes, en commençant déjà à repérer quelles thèses défendent les auteurs, les différences et points communs entre eux. Si je repère un texte obscur qui ne semble pas avoir de lien direct avec les deux autres, c'est normal, les concepteurs le font exprès pour mettre en difficulté les candidats, donc ne paniquez pas. **Une fois ma première lecture des trois textes terminée** (cette phase peut prendre 30 à 40 minutes mais peu importe puisqu'elle est essentielle), **je reprends chaque texte et je note les arguments centraux du texte**. Quand j'ai les petites contractions des trois textes devant moi, **je cherche trois questions auxquelles les arguments des textes doivent répondre**. Pour choisir ces questions, vous pouvez adopter le plan (1) Quelle est la cause de la crise ?, (2) Quelles sont les caractéristiques de la crise ?, (3) Quelles en sont les conséquences ? C'est sournois, mais ça marche. **Certains diront qu'il ne faut pas le faire mais ce plan a fonctionné pour moi, donc je me dois de vous le dire.** En revanche, le correcteur s'attend clairement à trouver des plans de ce type, donc soyez fin(e) quand vous l'utilisez et ne les réutilisez pas mot pour mot comme ci-dessus. **Je dirais donc que votre travail pour la synthèse n'est pas seulement de vous entraîner à en faire** (n'en faites pas toutes les semaines mais plutôt une fois par mois : 4 heures de synthèse, c'est quand même très chronophage) **mais aussi de comprendre le style journalistique, avec des tournures françaises idiomatiques.**

Conseils pour une bonne synthèse.

• Soyez journalistique (je le répète puisque c'est le plus important).

• Rédigez votre synthèse au brouillon (en 4 heures vous avez largement le temps de la finir au brouillon).

• Alternez, dans chacune de vos parties, les termes qui renvoient aux auteurs. Utilisez par exemple : « selon, pour, l'auteur note, l'auteur souligne, il soutient… ».

• Faites une phrase par auteur et par sous-partie.

• Comme la synthèse est une épreuve de style, soyez élégant(e) dans votre écriture.

• Évitez absolument les répétitions (de mots et d'expressions).

Mes notes

....

....

....

....

....

....

....

....

....

....

....

....

....

....

....

Éco-droit (ECT)

CEM
(ESSEC BS)

Notes obtenues :
17 (ESSEC)
20 (ECRICOME)

ESSEC BUSINESS SCHOOL

Comment aborder le droit ?

Comme beaucoup de matières en filière ECT, le droit n'est pas à négliger, il est donc primordial d'adopter une approche rigoureuse dans cette matière. L'épreuve de droit en classe préparatoire ECT peut sembler effrayante face au grand nombre d'articles à apprendre. Ne vous en faites pas, si vous adoptez une bonne méthodologie et un travail régulier, l'épreuve se transformera en simple formalité.

Comprendre les objectifs de chaque chapitre. À la suite de votre bac STMG, vous avez fortement intérêt à revoir les intitulés de vos chapitres de terminale. L'important sera de bien vous renseigner sur le site de la BCE pour distinguer tous les chapitres sur lesquels vous allez vous concentrer. Pour cela, **je vous conseille vivement de vous constituer un petit sommaire des chapitres de droit dès le début d'année**. Vous pourrez ensuite distinguer les objectifs précis de chaque chapitre et **éviter le « par cœur » inutile**.

Distinguer les différents Codes. Par la suite, je vous recommande vivement de différencier les différents Codes (ex. : Code du travail, Code du commerce, Code civil). Cela vous permettra de cibler les articles importants à apprendre, mais surtout à comprendre. L'épreuve de cas pratique en droit est une épreuve de compréhension avant tout. Une fois que tout cela est réalisé, je vous conseille de passer 15 minutes par jour à lire et bien comprendre les articles importants de chaque Code (ex. : article 1240 du Code civil, article L611 du Code de la propriété intellectuelle).

Quid de la mise en application du cours ?

S'entraîner avec des cas. Il est primordial de **s'entraîner en droit** ! L'apprentissage à lui tout seul ne suffira pas à performer dans cette matière, c'est pourquoi il est important de vous **entraîner régulièrement sur des cas ESSEC et ECRICOME**. Attention ! Il faut que ce travail soit régulier et rigoureux. Ensuite, petit à petit, vous verrez se dessiner une trame de raisonnement juridique dans les corrections de cas. En effet, le raisonnement est à peu près toujours le même. **Ainsi, je vous dirais même de ficher ces corrections pour mieux le comprendre.** Ces fiches doivent être très courtes, avec des flèches pour ceux d'entre vous qui ont une mémoire visuelle. Elles doivent pouvoir vous aider à **déclencher**

et retenir des automatismes face à des problématiques juridiques (ex. : erreur → sur qui ? sur quoi ? → article ? → application et conclusion).

Se faire une fiche de vocabulaire juridique. Vous vous rendrez compte aussi que, **dans les cas de droit, le vocabulaire juridique est plus que nécessaire pour décrocher une super note.** Voilà pourquoi je vous recommande de vous constituer une petite fiche au cours de l'année avec le vocabulaire de droit que vous pourrez caser partout sur votre copie. Cette fiche ne doit pas être encombrée de mots inutiles mais elle doit aller droit au but. **Je vous assure qu'un correcteur sera plus apte à rehausser la note d'un élève usant d'un minimum de vocabulaire juridique dans ses tournures de phrase, que celle d'un autre ne faisant pas d'efforts sur ce point.** Ex. : un Article Dispose ≠ un Contrat Stipule → astuce mnémotechnique personnelle : retenez les deux prénoms ADrien et ConStance.

Syllogisme. Enfin, **la méthodologie du cas pratique de droit fonctionne toujours sur un système simple de rédaction qui est le syllogisme.** Mais qu'est-ce que le syllogisme ? Vous l'aborderez en cours avec plus de détails, donc pas de panique ! **Le syllogisme est une méthodologie juridique que l'on applique en cas pratique.** Il se déroule en trois étapes : la majeure, l'énoncé de la règle de droit s'appliquant au problème ; la mineure, l'énoncé concis des faits (attention à ne pas faire de paraphrase) ; la mise en application, c'est-à-dire l'application de la règle de droit aux faits énoncés précédemment et la conclusion.

Petite astuce. Si vous vous trouvez face à une problématique juridique soulevant différentes règles de droit, n'hésitez pas à faire un plan avec plusieurs syllogismes. Ex. : (I) Responsabilité du fait d'autrui de M. X ; (II) Atteinte au droit à la propriété industrielle de M. Y. Pour finir, je vous dirai qu'il n'y a pas de secret : il vous faudra adopter pour ces deux années un travail rigoureux et régulier ! Vous êtes un(e) battant(e), j'ai confiance en vous ! Je vous souhaite bon courage.

HUGO
(EDHEC BS)

Notes obtenues :
17,5 (ESSEC)
18,5 (ECRICOME)

EDHEC BUSINESS SCHOOL

Bien se lancer en économie en première année !

L'économie est une matière à ne surtout pas négliger en Prépa ECT puisque c'est grâce à elle que vous pouvez faire la différence le jour du concours face à des ECE et des ECS ! C'est une matière qui demande à la fois méthodologie et connaissance, donc il va falloir vous armer en conséquence !

Il existe trois sous-épreuves en économie :
– l'épreuve de synthèse (pour les concours BCE et ESC) ;

– l'épreuve de QRA (question de réflexion argumentée, pour les concours BCE et ECRICOME) ;
– l'épreuve de QCM (pour le concours ECRICOME).

Alors comment réviser chacune de ces épreuves lorsque l'on entre en première année ?

Se constituer une culture économique par un suivi régulier de l'actualité. La première année en économie est vraiment une année où il faut enrichir sa culture économique un maximum. Pour moi, c'est le principal enjeu car comment voulez-vous comprendre les textes donnés en synthèse ou alors faire des QRA riches et pertinentes sans avoir de la culture économique ! **Il va donc falloir que vous réalisiez un travail de veille économique et cela passe par la lecture de journaux diversifiés** (*Le Monde*, *Les Échos*, *Alternatives Économiques*). Ce travail de veille ne va pas vous enrichir seulement pour l'économie, il va aussi vous aider pour toutes les autres matières. Un suivi constant de l'actualité est la clé en Prépa, d'autant plus que les sujets tombent en fonction de l'actualité…

Comprendre les fondements théoriques de l'économie. En plus de votre suivi d'actualité, il vous faudra **comprendre et apprendre les fondements théoriques de l'économie** ! Cela passe par un apprentissage méticuleux des théories au programme. Évitez d'en négliger : chaque théorie peut être utile et peut vous servir, notamment sur un sujet de QRA !

Bien assimiler la méthodologie. Chaque épreuve est différente, il va donc falloir vous entraîner sur chacune d'elles !
• La synthèse est un exercice technique où, pour performer, il faut bien s'entraîner. Cela induit donc de s'exercer régulièrement sur des annales.
• La QRA lie à la fois connaissances et méthode. Il faut savoir argumenter de manière concise avec des éléments pertinents et intéressants. Aux concours, c'est un exercice sur lequel il ne faudra pas passer trop de temps, donc habituez-vous à en faire à chaque fin de chapitre.
• Le QCM nécessite l'apprentissage du programme d'économie mais aussi d'avoir de la culture économique et de bien connaître l'actualité. Apprendre et faire un suivi d'actualité sont les mots d'ordre pour bien réussir son QCM !

Comme vous le comprenez sûrement, il est facile d'avoir des points en économie ! Pour cela, il vous faut une bonne dose de culture générale, une bonne méthodologie et un bon entraînement !

AMINE
(HEC Paris)

Notes obtenues :
18 (HEC)
20 (ECRICOME)

HEC
PARIS

L'économie-droit est une matière phare de la Prépa ECT qu'il ne faut négliger sous aucun prétexte étant donné l'importance de son coefficient aux concours. C'est la matière qui requiert le plus de rigueur et d'apprentissage, mais un travail régulier vous permettra d'obtenir des résultats satisfaisants.

Comment travailler le droit en première année ?

Apprendre son cours rigoureusement. Le droit est une matière qui se distingue par sa complexité. Il existe des règles de droit commun, des exceptions à ces règles et des exceptions aux exceptions… L'apprentissage est ainsi primordial pour cette matière. **Croyez-moi, le « par cœur » n'est pas du tout une perte de temps en droit : apprendre par cœur votre cours vous permettra de mieux en comprendre les subtilités mais aussi de gagner beaucoup de temps lors de la résolution des cas pratiques.**

Par ailleurs, je vous conseille de ficher les articles qu'il vous faudra apprendre au cours de vos deux années, cela vous permettra de les avoir toujours à portée de main.

Se familiariser avec le vocabulaire juridique. Pour réussir l'épreuve de droit aux concours, il faut absolument maîtriser le vocabulaire juridique. Vous devez non seulement pouvoir le comprendre dans le cadre des analyses d'arrêts, mais aussi savoir l'utiliser pour qualifier juridiquement les faits des cas pratiques. Il peut donc être utile de vous constituer une fiche de vocabulaire juridique que vous remplirez au fur et à mesure des cours. **La bonne utilisation du vocabulaire juridique est un des critères de notation aux concours. Vous pouvez donc vous démarquer des autres candidats grâce à cela.**

Mes notes

Management (ECT)

MEHDI
(HEC Paris)

Notes obtenues :
20 (HEC)
20 (ECRICOME)

HEC PARIS

Le management en Prépa ECT est une **matière très importante en termes de coefficient,** qu'il ne faut donc pas négliger. Elle s'inscrit dans la continuité du programme du lycée, dans le sens où beaucoup de notions ont déjà été étudiées, comme la stratégie ou le diagnostic stratégique, mais elle apporte aussi beaucoup de nouveautés. Il faut faire un travail constant dans cette matière afin d'éviter que les notions à apprendre s'accumulent. Je vais vous présenter comment j'ai abordé cette matière en première année.

Comment travailler en management. Tout d'abord, le programme de management en Prépa ECT concerne toutes les disciplines qui ont été abordées en sciences de gestion pendant le lycée, à savoir la gestion-finance, le marketing, les ressources humaines et les systèmes d'information. À cela, va venir s'ajouter la stratégie, qui est en quelque sorte le management du lycée. Mon premier conseil serait que **la plus grande partie du travail soit faite le jour même.** En effet, il faut être pleinement concentré pendant le cours et poser des questions. Le soir, il faut revoir les cours de la journée et commencer à les apprendre ou à les ficher. **Les colles vont également jouer un rôle primordial dans cette matière :** même si les premières vous sembleront difficiles, il vous faudra prendre en compte les remarques du colleur et revoir votre colle afin d'être meilleur(e) à celle d'après. Il en va de même pour les devoirs surveillés qui, au début, seront très longs et difficiles à terminer : il faudra analyser la manière dont la question est posée et le contenu du dossier. En effet, plus les concours approchent, et plus les devoirs vont commencer à refléter le vrai niveau de l'élève et sa capacité à finir l'épreuve et à gérer son temps.

Conseils sur le programme de première année. Puisque le programme de management s'étale sur deux ans, seule une partie du programme pourra être traitée en première année et elle dépend du choix du professeur. Généralement, la partie stratégie est toujours abordée en première année. Je vous conseille dès le début de prendre en compte les remarques du professeur et de **consulter d'anciennes copies afin de voir la manière de répondre aux questions.** En effet, les réponses aux questions en stratégie doivent respecter une structure irréprochable afin que le correcteur ressente la rigueur du candidat. Il faudra alors que vous vous constituiez une **armada de définitions d'auteur et de théories/modèles qui vont venir vous aider dans la structure de vos questions**. La première année est plus longue et plus allégée, c'est donc durant celle-là que vous aurez le temps d'apprendre et de faire des fiches, là où la deuxième année sera plus intense et apportera également son lot de nouveautés.

J'ai également remarqué pendant mes deux années de classe préparatoire que beaucoup de personnes n'avaient pas choisi la spécialité gestion-finance en terminale et se retrouvaient alors complètement désemparés face à la comptabilité. Généralement, les professeurs ont conscience de la difficulté qu'ont les étudiants à aborder la comptabilité et auront donc des méthodes qui faciliteront l'apprentissage. Le dossier financier est très fortement pondéré dans les études de cas et est en plus très rarement traité malgré sa facilité. Ainsi, **travailler la comptabilité ne peut être qu'une bonne idée** puisque beaucoup de points sont donnés pour la justesse des calculs et d'autres seront donnés car vous aurez réussi à vous démarquer des autres. Il faut alors être attentif en cours, comprendre la logique et refaire les exercices car c'est une matière où on progresse en s'exerçant. Le début de la première année vous permettra de vous familiariser avec la logique et les calculs comptables, tandis que la fin de la première année et le début de la deuxième année vous aideront à développer votre esprit d'analyse.

ÉLODIE
(Audencia BS)

Notes obtenues :
17,8 (HEC)
17 (ECRICOME)
20 (EM Normandie/INSEEC)

Audencia

Non, obtenir une bonne note en épreuve de management n'est pas insurmontable ! Mais cela nécessite **beaucoup de rigueur et d'attention sur les sujets** : réussir à bien comprendre la question et surtout ne pas être à côté de la plaque. De plus, chose PRIMORDIALE pour appréhender le management le mieux possible : **il ne faut pas rester sur ses acquis** de première et de terminale STMG. En effet, le programme de Prépa ECT vise à assembler les quatre spécialités qui existent dans le programme du bac Techno, néanmoins, il est davantage poussé, et une négligence sur certains aspects du programme peut vous coûter quelques places dans l'École que vous visez.

Conseil pour les première année qui rentrent en Prépa : aucun stress. Il est vrai que nous sommes dans une filière qui peut parfois être mal vue, et que la confiance en soi peut en prendre un coup. Mais vous avez réussi à bien utiliser votre bac, et c'est le plus important. Aucun stress non plus sur le rythme de vie que va provoquer la Prépa et sur la difficulté des cours. Petit tip : **faites tout pour être présent(e) en pleine conscience en cours.** Il est vrai que les journées sont longues et intenses, qu'il y a énormément de retard à rattraper dans les matières communes, mais tout est faisable.

Et concernant le management, comment je fais ? Les cours vont être riches en théories et en auteurs. Il faut donc, dès le début, s'obstiner à les comprendre et à les utiliser lors des colles (elles existent pour ça). N'hésitez pas à les ficher vulgairement (favorisez les *mind maps* et les dessins), et à illustrer les théories !

Conseil pour éviter les réticences sur une thématique du programme. Le programme de management en ECT est composé de diverses thématiques : ressources humaines, gestion-finance, marketing, système d'information. À tout cela est incrustée une partie stratégique et managériale particulièrement présente et importante, dans laquelle vous serez particulièrement noyé(e). Si les chiffres vous font peur ou que vous trouvez que les RH sont barbantes, il va falloir vous accrocher ! Utilisez les colles pour vous améliorer, faites d'anciens sujets de concours, prenez des exercices de BTS, faites-vous du forcing. Il ne faut absolument pas vous laisser la possibilité de baisser les bras car chacune de ces thématiques est présente lors des sujets de concours.

Conseil sur le « prendre soin de moi ». Beaucoup baissent les bras, beaucoup culpabilisent lors de ces deux, trois, voire quatre années. Cela est compréhensible : nos amis sortent et nous travaillons. Et il faut ajouter à cela parfois le manque car la famille n'est pas dans la ville dans laquelle nous étudions, des cours qui sont intellectuellement prenants, etc. **Mais cessez de vous mettre la pression, elle n'est pas souvent bonne. Ne vous démoralisez pas. Faites de votre mieux.** Il faut garder une demi-journée de coupure, il faut **continuer à avoir un lien social et familial : cela est PRIMORDIAL**. La Prépa ne signifie pas vivre en totale autarcie pendant deux ans ou plus. La Prépa se définit par plein de choses, mais pas par l'autarcie. Mangez équilibré, apprenez à vous couper des cours l'espace de 2 heures, essayez de rentrer à pied et non en transports en commun, **favorisez la création de groupe (effet de synergie garanti)**. En d'autres termes, appliquez vos cours de management sur la motivation à votre expérience en classe préparatoire !

N'oubliez pas que tous les élèves actuellement en École ont été à votre place ! Nous avons, pour certains d'entre nous, eu des moments de doute et d'incompréhension, des moments de culpabilité ou de non-accomplissement de soi, pour des raisons qui me paraissent maintenant futiles. Mais nous avons réussi. Nous avons intégré des Écoles, et je vous avouerai que parfois ce rythme me manque (difficile à croire ?) ! N'hésitez donc pas à nous contacter sur Mister Prépa pour des cours particuliers (gratuits), pour des petits conseils, ou même pour parler tout simplement.

TALA
(NEOMA BS)

Notes obtenues :
19 (ECRICOME)
16 (EM Normandie/INSEEC)

NEOMA BUSINESS SCHOOL
REIMS · ROUEN · PARIS

Beaucoup d'étudiants de première année en ECT croient que le programme de management est similaire à celui qu'ils ont appris en terminale STMG. En réalité, les deux cursus ne sont pas les mêmes : par exemple, en terminale, tout ce que vous avez appris sur le management était juste une introduction de ce que vous allez apprendre en Prépa. Je vais vous présenter les choses les plus importantes auxquelles vous devez vous attendre lors de votre première année en Prépa et quels sont les points essentiels sur lesquels vous devez vous concentrer.

Conseils sur la façon de travailler. La première chose à prévoir est que le travail sur cette matière va se densifier, contrairement à celui de terminale, en raison de la longueur du programme. Donc, dès la première année, vous devez ficher les cours de votre professeur d'une manière qui vous aide à le comprendre. La deuxième chose que je peux vous conseiller est d'arriver à faire le croisement entre les différents chapitres étudiés dans la matière car **c'est ce que vous devrez faire lors des concours**. Le candidat doit arriver à faire le pont entre plusieurs notions afin d'obtenir la réponse complète.

Conseils sur le programme de première année. Comme je viens de le mentionner, le programme de terminale n'est qu'une introduction au programme de la classe préparatoire. Comme vous le savez, le programme de management aborde les quatre domaines dont vous avez entendu parler en terminale **(gestion-finance, ressources humaines, marketing, système d'information de gestion). À cela s'ajoute la partie stratégie qui est considérée comme la plus importante dans le programme** car c'est le premier dossier que vous allez traiter dans cette épreuve, quel que soit le sujet. En effet, la plupart des points sont centralisés dans ce dossier, et il est parfois aussi lié au dossier financier. Le premier point important du programme qui doit être bien maîtrisé avant le début de la deuxième année est de traiter tous les concepts sur les différents courants. **ÉCOLES CLASSIQUES/TRADITIONNELLES** de la théorie des organisations (le taylorisme, Fayol, Max Weber) et les **ÉCOLES DE RELATIONS HUMAINES** (les principes des travaux d'Elton Mayo, la hiérarchie des besoins de Maslow, la théorie de Herzberg, la théorie XY de McGregor et enfin la théorie de « l'effet Hawthorne »). Toutes ces théories doivent être bien maîtrisées avant la fin de votre première année, parce qu'elles sont considérées comme la base de la partie stratégie/ressources humaines.

Un deuxième point important est la maîtrise des calculs de SIG : vous devez bien les comprendre dès la première année car ce que vous allez apprendre en deuxième année en finance est bien plus large et un peu plus compliqué.

En ce qui concerne la partie marketing, vous devrez bien comprendre la partie de cours concernant la politique/stratégie marketing (segmentation, cible, positionnement) car ces éléments sont basiques et les étudiants qui ont choisi la filière marketing en terminale ont déjà abordé ces notions.

La dernière chose que je peux vous dire, c'est que le travail en première année consiste à comprendre et à traiter tous les cours de manière globale, en ne négligeant aucun point du programme. Car, à partir de la deuxième année, votre travail sera consacré à la finance/comptabilité et à l'entraînement sur des annales de concours.

Mes notes

DEUXIÈME ANNÉE

Méthodologie générale

Julien B. Dorian

Bienvenue en deuxième année ! Si vous êtes en deuxième année, c'est que les profs croient en vous et que vous avez le potentiel pour réussir les concours. Nous allons, dans ce **Guide Mister Prépa**, vous donner tous les ingrédients pour exploser tous les compteurs.

◎ **Quel état d'esprit adopter vis-à-vis des concours ? Il faut commencer par démythifier les concours.** On vous bassine avec ce mot depuis un an déjà (normal en même temps, puisque c'est l'objectif) mais vous commencez petit à petit à être rodé(e) et à comprendre le fonctionnement de la Prépa. Vous avez déjà fait plusieurs concours blancs et encore plus de DST, donc vous savez comment une épreuve se passe. **Les concours sont pareils** (mais avec certes plus de pression). Ils sont un peu plus longs qu'un concours blanc, mais quand vous serez devant votre feuille, **vous appliquerez la même chose qu'à l'« entraînement »**. D'où l'importance évidente de la méthodologie que vous appliquez dès votre première année et que vous continuerez de peaufiner cette année. Vous le savez sûrement, les notes obtenues durant l'année ne seront pas celles du concours et **il n'y a d'ailleurs que la note du concours qui compte, les autres obtenues durant l'année vous permettent uniquement de vous situer**. Toutefois, faites attention à ne pas baisser la garde en vous disant que, de toute façon, « les profs sous-notent volontairement ». C'est parfois le cas, mais cette sous-notation a un intérêt : vous pousser à vous rendre compte que vous n'êtes pas proche de l'excellence, voire que vous en êtes loin, et vous pousser ainsi à vous dépasser. Donc, **ne travaillez pas moins pour autant, au risque d'avoir des mauvaises surprises au concours**.

Il est également important d'avoir en ligne de mire les concours, car ces derniers vont arriver très vite. **Il ne faut donc pas prendre du retard**, et être extrêmement organisé en se connaissant par cœur (points faibles et forts, moments de productivité ou d'improductivité, etc.).

◎ **Comment et que travailler cette année ?** Comme vous le savez, cette année va passer particulièrement vite, donc pas de temps à perdre, **il faut être productif**. Dans les premiers mois de cette année, vous n'aurez pas terminé le programme de deuxième année, donc vous continuerez à apprendre du cours. **Dans l'idéal, il faut commencer à revoir le plus tôt possible les cours de première année**, en novembre/décembre si possible. **Une chose est sûre en tout cas, pour faire la différence, il faut avoir confiance en soi.** Tout ce que vous n'aurez pas le temps de revoir à ce moment se reportera sur votre période de révisions déjà bien chargée, c'est un euphémisme. **Donc, anticipez au maximum et organisez-vous en fonction !**

Vous devez normalement déjà avoir vos méthodes de travail (travailler seul(e), à plusieurs, chez vous, dans votre Prépa). Si les vôtres vous permettent d'être productif(-tive) (c'est-à-dire de travailler plusieurs heures sans regarder toutes les cinq minutes son téléphone, ne pas se faire déranger par des proches, ne pas dormir sur son bureau), gardez-les cette année. Si vous n'avez pas encore vos méthodes ou qu'elles n'ont pas porté leurs fruits selon vous, essayez de nouvelles méthodes de travail en début d'année – mais rapidement – pour trouver celles qui vous conviennent le mieux.

Il faut, dans la mesure du possible, **avancer matière par matière sans en délaisser aucune**. Votre emploi du temps doit être complet, mais s'avère, comme en première année, assez subjectif puisqu'il dépend de votre niveau et de vos capacités. **En deuxième année, il s'agit particulièrement de combler vos lacunes** – dans vos matières faibles – tout en travaillant assidûment les mathématiques et votre matière principale (ESH pour les ECE, HGG pour les ECS, mana et éco-droit pour les ECT). Une mauvaise note (5, par exemple) fait tache et même si elle est dans une matière à faible coefficient (contraction ou LV2), elle peut vous fermer la porte des meilleures écoles. **En revanche, une bonne voire excellente note dans une matière comme celle-ci n'est pas négligeable et peut faire la différence.** Donc, travaillez vos matières faibles pour qu'elles ne le soient plus, sans oublier bien sûr les matières importantes de votre filière, **pour aller chercher les meilleures notes possibles au concours.**

À propos de la manière de travailler, **vous devez être réellement béton sur la méthodologie.** La méthodologie de la dissertation est sincèrement primordiale (par exemple, en CG, HGG ou ESH), tout comme celles des autres épreuves où la méthode ou la stratégie à adopter peut être totalement différente (par exemple, les attentes des épreuves de langue diffèrent entre ELVi, ECRICOME et IENA). **Sans méthodologie, pas de bonnes notes** (et par conséquent, pas de chocolat, enfin pas de bonne école quoi !). Si votre méthodo actuelle vous permet d'avoir de bonnes notes en cours, c'est qu'elle commence à être bien rodée. Si ce n'est pas le cas, demandez à votre prof, des camarades qui ont trouvé une méthode qui fonctionne comment ils font, et consultez les différents articles de Mister Prépa traitant de cela. Un conseil, notamment en épreuve, quand on commence à paniquer sur un sujet : **raccrochez-vous à la méthodologie, ça sauve toujours les meubles !**

◎ Que faire après décembre ? Une fois décembre passé, l'année va s'accélérer. Si vous n'avez pas commencé à **reprendre vos cours de première année**, c'est le moment de le faire. Revoir l'intégralité du programme des deux années en trois semaines voire un mois de révisions est difficile, si ce n'est impossible. Dès janvier, vous n'avez plus de temps à perdre, votre méthodologie dans les matières à disserter doit être en place afin de pouvoir pleinement se concentrer sur le fond. **La pression vous fera mécaniquement accélérer un peu votre rythme de travail.** Vous travaillerez plus, avec davantage de pression sur les épaules, mais tentez de garder quand même votre rythme de vie (vos temps de repos, un peu de sport et de sorties). **Et surtout, ne sacrifiez pas votre sommeil. Les concours sont comme une compétition de sport, si vous vous essoufflez à l'entraînement, et ce juste avant le jour J, vous raterez votre compétition. L'idée est d'arriver frais le jour J**, c'est-à-dire d'avoir toute sa lucidité pour réfléchir sur le sujet, d'appliquer ce qu'on sait faire (surtout quand son travail a été récompensé par de bonnes notes).

Comment (com)prendre les notes avant le concours ? Deux cas de figure se présentent mais dans les deux cas, la phrase suivante s'applique : **il n'y a pas de fatalité** (dans le bon comme dans le mauvais sens) et **il n'y a qu'une seule note qui compte, celle du concours.** Si vous avez une bonne note, félicitations, car elle est le fruit de votre travail et c'est que vous la méritez. Pour autant, ne vous reposez pas dessus car, malheureusement, ce n'est pas parce que vous avez eu une bonne note qu'il en sera de même lors des concours. Ce n'est pas pour vous effrayer mais, aux concours, les bonnes comme les mauvaises surprises peuvent arriver. **Alors, comme le conseillait Aristote, faites preuve de *phrônesis* (« prudence ») et continuez de réviser sérieusement la matière en question.**

Si vous avez une mauvaise note, n'oubliez pas que, là non plus, il n'y a pas de fatalité et que la seule note qui compte est celle du concours. **Donc, si mauvaise note il y a, ne vous découragez surtout pas.** Faites comme d'habitude, reprenez la correction, comprenez bien vos erreurs en travaillant votre copie en profondeur et passez à autre chose. Ne vous apitoyez pas dessus. **Encore une fois, *no time to waste*.** Les mauvaises notes, même avant les concours, doivent vous booster plus que vous accabler.

N'hésitez pas à aller voir vos professeurs en janvier/février pour savoir **quels conseils ils peuvent vous donner, à vous particulièrement**. Si votre prof est mauvais (c'est possible) ou que vous ne lui faites pas confiance, demandez à vos amis, aux bons élèves de votre Prépa s'ils peuvent vous aiguiller ou jeter un œil à votre copie. Sinon, vous pouvez toujours nous écrire pour nous faire part de vos inquiétudes et nous essaierons de vous aider au mieux.

Mes notes

....

....

....

....

....

....

....

....

....

....

Maths

IGOR
(HEC Paris – ECE / Maths approfondies)

Notes obtenues :
20 (EMLYON)
20 (EDHEC)
20 (MATHS II)
19 (MATHS HEC)
20 (MATHS ESSEC)

* Concours 2014 : avant la réforme des fusions d'épreuves HEC/ESSEC

HEC PARIS

On peut scinder le programme de mathématiques en trois grandes familles de chapitres : l'algèbre, l'analyse et les probabilités. Certes, beaucoup de ces chapitres se chevauchent, notamment dans le cadre des probabilités dites « continues » (par opposition aux probabilités dites « discrètes »), mais il est utile de scinder le programme ainsi. Durant les révisions, quelle que soit votre voie (S, E ou T) ou votre niveau, **vous devez être capable de répondre aux questions classiques de chacune de ces subdivisions.** Par « question classique », on entend les **applications plus ou moins directes du cours.** Dans les annales, il n'est pas illusoire d'affirmer qu'**au moins 30 % des questions d'un exercice sont des questions classiques**, que vous avez déjà rencontrées dans d'autres annales, dans des problèmes vus en cours ou bien dans des démonstrations de cours (plus rarement).

Assurer une note correcte voire plus que correcte à l'écrit en mathématiques, c'est donc **travailler pour qu'aucune de ces questions classiques ne soit laissée de côté le jour du concours.** Contrairement à ce que l'on peut penser, cela est tout à fait faisable pour l'intégralité des élèves. **C'est là qu'entrent en jeu deux facteurs clés des révisions : la détermination et la méthode.** N'oubliez pas que **vous avez encore largement le temps de rattraper votre retard**, de comprendre des parties du programme floues ou délaissées, de réussir là où vous avez échoué durant toute l'année. **Le maître mot est donc : ne lâchez rien.**

Ceci étant dit, il vous faut appliquer à cette motivation une méthode correcte et surtout efficace étant donné que les concours approchent. La méthode est simple. **Les annales de l'EM et de l'EDHEC doivent être maîtrisées sur le bout des doigts.** Si vous échouez à ces questions, notez la correction, prenez le temps de la comprendre, de l'intégrer afin de reconnaître dans quel type de questions appliquer tel type de raisonnement. **Les annales se ressemblent toutes plus ou moins d'une année à l'autre**, vous n'aurez donc aucun problème à progresser **TRÈS RAPIDEMENT** en appliquant cette méthode.

Connaître son cours, c'est le comprendre en profondeur, ce n'est pas le connaître par cœur sans en comprendre les subtilités. C'est être capable de le réexpliquer à quelqu'un et voir *a posteriori* les liens qu'il peut y avoir entre les différents chapitres. **Gardez en tête que le cours reste le fondement de toute réussite en maths.**

DORIAN
(EMLYON BS – ECE / Maths appliquées)

Notes obtenues :
20 (EML)
20 (EDHEC)
20 (ECRICOME)
18,8 (MATHS II)

em
lyon
business
school

Pour progresser rapidement en mathématiques, je dirais qu'il y a deux éléments primordiaux à faire : ficher et répéter.

Ficher. Il est essentiel de ficher vos cours de mathématiques au fur et à mesure. Cela vous permettra d'en saisir l'essentiel et éclaircira votre esprit, car il est évident que vous ne pourrez en aucun cas reprendre la totalité de vos cours avant le concours. Par conséquent, une fois que vous aurez vu et travaillé tel ou tel chapitre, fichez-le, **vous saurez** au moins **quels sont les points importants à maîtriser et quelles sont les méthodes et techniques qui reviennent régulièrement.** Il sera plus facile d'assimiler ces dernières en incluant des exemples dans vos fiches. De la même façon qu'il est très intelligent de **distinguer les différents thèmes que vous allez étudier durant votre Prépa, à savoir : l'analyse, l'algèbre, les probabilités et l'informatique.**

En effet, vous remarquerez que toutes **les épreuves de mathématiques** (mis à part les Parisiennes) **sont subdivisées en trois ou quatre exercices**, et que chacun d'eux comporte un des quatre thèmes évoqués ci-dessus. C'est pourquoi vous devez répartir vos fiches en quatre parties distinctes, grâce à des intercalaires ou pochettes différentes par exemple, regroupant chacune un thème précis. **Ainsi, durant votre travail personnel, il sera également plus productif de travailler par thèmes.** Essayez cela lors de la semaine à venir en effectuant deux jours d'analyse, deux jours d'algèbre, deux jours de probabilités et un jour d'informatique, et vous verrez que ce sera nettement plus productif.

Répéter. Il est nécessaire de **reprendre constamment vos exercices et DS pour progresser, en distinguant vos points forts** (bons points de rédaction, annotations positives de vos professeurs) **et vos points faibles** (les questions auxquelles vous n'avez pas répondu, les erreurs commises). Cela vous permettra de voir où vous en êtes tout en **analysant votre progression. Après un certain laps de temps, refaites-les** en effectuant le moins d'erreurs possible et en essayant d'assimiler les points que vous n'avez pas saisis au départ. Pour chaque TD, devoir, concours blanc ou annale que vous effectuerez, **sélectionnez certains exercices où vous avez du mal et que vous devez reprendre ainsi que des exercices utiles** qui, quant à eux, reprennent beaucoup de méthodes et de points de cours. Comme ça, vous pourrez les refaire avant un DS, une colle ou autre, mais surtout durant vos révisions de concours. **La répétition est le maître mot pour progresser en mathématiques, car à force d'en faire, vous allez acquérir des automatismes qui vous feront gagner un temps et des points précieux lors du concours.**

SAM
(HEC Paris – ECS / Maths approfondies)

Notes obtenues :
20 (EMLYON)
20 (EDHEC)
19,8 (MATHS I)
20 (MATHS II)

HEC PARIS

Il est très important de reprendre l'ensemble des cours de mathématiques faits en première année pour voir ce qui vous pose le plus de problèmes. Mais ne paniquez pas : les mathématiques demandent certes rigueur et patience, mais vous allez y arriver en travaillant et en suivant les précieux conseils de ce guide.

Tout d'abord, **il est fondamental d'apprendre son cours PAR CŒUR**. Si vous ne l'avez pas fait en première année, sachez que la deuxième est **beaucoup plus courte donc beaucoup plus intense et que, sans cet apprentissage, vous ne parviendrez pas à effectuer les exercices les plus complexes des concours**, car les exercices, notamment des Parisiennes, demandent une connaissance approfondie et minutieuse du cours. Il est également important, à défaut de les apprendre par cœur, de comprendre les démonstrations du cours qui peuvent souvent être utilisées en exercice et qui vous permettront de gagner énormément de temps lors des épreuves (et n'oubliez pas qu'aux concours, le temps, c'est des points). **Enfin, les exemples du cours sont également à savoir refaire.** Lorsque vous aurez appris votre cours par cœur, il faudra commencer à **faire des exercices de difficulté croissante**, d'abord de simples exercices d'application du cours avant d'arriver à des exercices plus exigeants.

Après chaque exercice, regardez ce que vous pouvez en retirer en matière de méthode usuelle (par exemple, pour trouver la limite d'une intégrale, il faut toujours l'encadrer) et inscrivez ces méthodes dans un cahier de méthodes et astuces qui vous permettra également de **gagner davantage de temps**.

En deuxième année, il est important de **faire beaucoup d'exercices pour progresser**. Il faudrait, dans l'idéal, faire un sujet par semaine, en prenant trois ou quatre exercices d'annales qui correspondent au cours que vous êtes en train de travailler. Les annales vous montreront ce à quoi vous serez confronté(e) au concours et vous permettront, à mesure que l'année avancera, de gagner en confiance, ce qui est fondamental pour bien réussir.

CEM
(ESSEC BS – ECT)

Notes obtenues :
18,9 (ESCP)
20 (ECRICOME)

Vous qui entrez en deuxième année ou qui entamez votre troisième (voire votre quatrième) année, vous vous demandez sûrement comment décrocher le Graal en mathématiques aux concours. En tant qu'ex-Prépa ECT, je sais combien les maths peuvent être une matière qui génère du stress pour les étudiants. Vue comme un rubicon infranchissable pour certains, il n'est en réalité pas si compliqué d'obtenir d'excellents résultats le jour J. Cela est rendu possible par la structure même de l'épreuve. En effet, **peu importe la banque d'épreuves, les sujets sont divisés en trois ou quatre grands exercices, sur un nombre de thèmes restreints et répétitifs**.

S'entraîner avec des annales. Ce faisant, le travail des mathématiques en ECT repose, à mon sens, essentiellement sur la réalisation d'annales, encore et encore. Des ouvrages les compilant sont d'ailleurs disponibles à la vente sur Amazon et à la Fnac (je vous les conseille fortement). Néanmoins, il convient de bien calibrer et structurer son travail pour ne pas se perdre dans tous les sujets et donc ne pas se décourager.

Pour ce faire, lorsque j'étais en deuxième année, j'avais divisé les exercices d'annales par grands thèmes, que je liste ci-dessous :
- algèbre (matrices, espaces vectoriels, systèmes linéaires…) ;
- probabilités (discrètes, continues, conditionnelles, estimations…) ;
- analyse (études de fonctions, suites numériques, intégrales, sommes…) ;
- informatique.

Après avoir fait ce travail de segmentation, il reste encore à intégrer le facteur temps pour organiser les révisions.

Par où commencer ? Que dois-je maîtriser en premier ? D'après mon expérience personnelle, si ce n'est pas déjà fait, il convient de commencer par améliorer drastiquement son niveau et sa rapidité en calcul (factorisation, développement, simplification, etc.). Cela peut paraître anodin, mais ces points font encore défaut la plupart du temps en début de deuxième année. Pour cela, je recommande de travailler sur les annales de fonctions et suites (toutes banques d'épreuves confondues, en commençant par les ESC et en allant crescendo). Ce n'est qu'une fois cette barrière franchie que vous pourrez aborder avec plus d'aisance les exercices types des concours.

Pour vous aider, je vous propose ma feuille de route de révision des différentes annales de mathématiques (toutes banques d'épreuves confondues) en deuxième année :

Mois	Chapitres
Avril ECT1-Fin septembre ECT2 (été compris) (OBJECTIF : maîtriser PARFAITEMENT les annales des trois banques d'épreuves entre 2010 et 2021)	• Avoir fait toutes les annales de fonctions (les plus importantes) et intégrales si pas déjà faites. • Commencer les annales simples de matrices.
Octobre-Décembre (OBJECTIF : maîtriser PARFAITEMENT les annales des trois banques d'épreuves entre 2010 et 2021)	• Continuer de travailler (moins) sur les points précédents. • Focus sur les annales de probabilités discrètes.
Décembre-Février (OBJECTIF : maîtriser PARFAITEMENT les annales des trois banques d'épreuves entre 2010 et 2021)	• Continuer de voir/revoir les points précédents. • Commencer les probabilités continues.
Février-Concours (OBJECTIF : maîtriser PARFAITEMENT les annales des trois banques d'épreuves entre 2010 et 2021)	• Focus probas continues. • Revoir tous les points. • Faire des sujets d'annales en 4 heures dans les conditions des concours.

Je vous souhaite bonne chance et bon courage pour cette année qui, j'en suis certain, sera couronnée d'excellents résultats aux concours, grâce à un travail assidu et approfondi de votre part.

Bonus oral

QUENTIN
(HEC Paris)

Notes obtenues :
20 (EMLYON)
20 (ECRICOME)
20 (EDHEC)
20 (MATHS II)
16 (MATHS I)
20 (ORAL HEC)

ORAL HEC Paris : 20/20

HEC PARIS

Les épreuves orales de mathématiques effraient beaucoup de candidats, notamment du fait de leur présupposée difficulté. Pourtant, **rien d'insurmontable !** J'ai réussi à décrocher la note maximale de 20 à l'oral de maths à HEC, et ce sans être un génie… **L'essentiel est de bien vous préparer** à cette épreuve, et ainsi mettre toutes les chances de votre côté !

Premièrement, il faut que vous soyez incollable sur le cours. Il est impensable de viser une bonne note en ratant la première question. Durant les semaines de préparation aux oraux, **révisez votre cours en intégralité** : vous devez connaître sur le bout des doigts toutes les définitions, propriétés et théorèmes, et vous devez surtout **en avoir une compréhension fine**, c'est-à-dire être capable de répondre aux éventuelles questions du jury. Celui-ci devrait d'emblée essayer de vous déstabiliser, en vous demandant des précisions, des exemples ou de faire le lien avec un autre aspect du cours. C'est là que vous devez **faire la différence en montrant votre aisance sur les notions.**

Gérer le temps de préparation. Pendant les 30 minutes de préparation, traitez le plus de questions possible, en restant concis(e) sur votre brouillon : **ne détaillez pas toute la rédaction**, mais **ayez bien en tête quelles justifications vous devrez mentionner** pendant votre passage. Si vous séchez sur une question, passez aux suivantes et revenez dessus à la fin s'il vous reste du temps. Ne faites pas de bêtes erreurs de calcul ! Et s'il vous reste du temps avant la fin des 30 minutes, ne restez pas sans rien faire. **Relisez-vous, assurez-vous que votre réponse à la question sans préparation est parfaitement juste**, et **essayez autant que possible d'anticiper les questions du jury**. Par exemple, dans mon exercice, je devais, à un moment donné, tracer la courbe représentative de la fonction étudiée. Le jury m'a ensuite demandé si elle admettait une tangente en 0 et si oui, la tracer. Ce n'était pas demandé dans l'exercice, mais j'aurais pu l'anticiper et ainsi réfléchir en amont à la réponse. **Mais ça, c'est vraiment s'il vous reste du temps. L'essentiel est de réussir au maximum tout l'exercice.**

Pendant votre passage, vous devez **trouver un équilibre entre l'usage du tableau et le recours aux explications orales.** Marquez les quantificateurs, faites les calculs, mais pas plus : les petites justifications (dérivabilité d'une fonction, utilisation de la transitivité de l'inégalité, etc.) se font oralement, et **vous ne devez pas oublier de vous tourner vers le jury et de le regarder !**

Ensuite, vient la question sans préparation. Pas de panique ! **Prenez bien le temps de lire tout l'énoncé** et d'en prendre en compte chaque aspect, cela vous aidera pour la suite. Après, il faut se lancer. Et il faut bien comprendre ce que le jury attend de vous : il cherche surtout à voir si vous êtes **capable de tenter des choses**, même si elles n'aboutissent pas. Lancez-vous, et **n'hésitez pas à communiquer avec le jury**. Demandez-lui des précisions s'il le faut, essayez de lui soutirer des pistes, mais **toujours en proposant quelque chose** : ne dites pas « je ne sais pas comment faire » mais plutôt « est-ce que telle chose pourrait fonctionner ? ». Il n'y a pas de mal à demander de l'aide au jury, au contraire. **Il suffit d'être réactif face à ses indications, en tenir compte et s'en servir pour avancer.**

Sur l'ensemble de l'oral, **le jury va surtout vous évaluer (au-delà de votre niveau) sur votre rigueur et sur la précision de vos justifications**. Mieux vaut trop en dire que pas assez.

Pour finir, gardez une chose en tête : **vous êtes évalué(e) en fonction des autres**. Vous pouvez très bien avoir le sentiment d'avoir raté votre oral et pourtant avoir une bonne note, ou l'inverse, suivant ce que les autres candidats qui seront passés sur le même exercice auront fait. **Tâchez donc d'être meilleur(e) que les autres, d'être plus à l'aise et de montrer plus d'envie et de précision.**

Mes notes

ESH

MAÏWENN
(ESSEC BS)

Notes obtenues :
19 (ESSEC/EDHEC)
15 (ESCP/SKEMA)

Dès la rentrée, il est important d'adopter de bons réflexes !

Ne négliger aucun chapitre : aucune impasse ! Essayez autant que possible d'être à jour dans vos révisions de chapitre, **tout en revoyant régulièrement le programme de première année.** N'oubliez pas que **les concours portent sur les deux années de Prépa !** Pour ma part, je revoyais à fond les chapitres de première année pendant les vacances/ longs week-ends, et les fiches de manière régulière, en alternant avec les chapitres de deuxième année qui finissent par s'accumuler.

Se questionner sur ses connaissances, seul ou en groupe. En deuxième année, vous vous retrouvez avec des personnes que vous connaissez déjà depuis plusieurs mois, et vous savez sûrement avec qui vous pouvez travailler. **Profitez-en pour vous retrouver et vous poser mutuellement des questions :** en expliquant un cours à une tierce personne, vous le retenez mieux et vous vous entraînez déjà à **le formuler de façon claire, précise et concise, ce qui vous est demandé au concours !** Si vous préférez réviser seul(e), des applications comme Anki ou Quizlet vous permettent de revoir un point précis. Par exemple, avec une carte avec « Définition du développement pour Perroux » sur un côté, vous essayez de répondre avant de vérifier la réponse au dos.

Suivre l'actualité. Vous devez certainement avoir pris cette habitude en première année, mais avec les vacances et les gros titres consacrés à la Covid, les dernières infos vous ont peut-être échappé… Or, réussir à placer une référence à l'actualité (pertinente et, si possible, originale) dans votre copie, notamment dans l'introduction ou en amorce, permet de faire la différence. Deux astuces : concocter une petite **revue de presse** chaque semaine avec les infos à retenir ; **noter pour chaque chapitre quelques infos qui peuvent être mobilisées** dans un sujet. Dans le cas d'un gros événement, tel que la Covid, il peut même être utile de faire une petite fiche avec toutes les infos, dates, etc., pouvant être liées au programme d'ESH. **Je ne peux que vous conseiller de suivre « L'actualité en bref » publiée chaque semaine sur le site Mister Prépa :** en effet, le but de cette série hebdomadaire est de synthétiser le contenu de l'actualité en l'appliquant directement aux cours d'ESH étudiés en Prépa ECE !

Mister Prépa : L'actualité en bref
liennathan.fr/q82nw6

DORIAN Z.
(EMLYON BS)

Notes obtenues :
17 (ESCP/SKEMA)
16 (ECRICOME)
15 (ESSEC/EDHEC)

em lyon business school

Voici quelques conseils pour aborder au mieux l'ESH en deuxième année.

Sélectionner les données essentielles. Vous allez accumuler énormément de connaissances, pour finalement passer 4 heures devant votre copie ! Vous ne pourrez jamais tout utiliser. **Sachez donc prioriser, il vaut mieux avoir des bases solides, connaître et comprendre les mécanismes essentiels**, de façon à savoir les réexpliquer dans vos copies plutôt que d'accumuler trop d'informations superficielles.

Faire la différence. Vous allez maîtriser les références classiques alors, pour vous démarquer, n'hésitez pas à aller chercher des références historiques ou sociologiques, et surtout soyez au clair sur l'actualité pour illustrer vos arguments. **Pour ma part, à côté de mon cours, j'avais mis en place un « kit de survie » par chapitre dans lequel je mettais trois ou quatre accroches « originales » (actualités, citations ou faits historiques), les dates, les données essentielles et les définitions du chapitre.**

S'entraîner. De septembre (de deuxième année) jusqu'aux écrits, je faisais un sujet par semaine pour **travailler la problématisation**, puis j'établissais un plan détaillé et les grandes lignes de mon introduction. **C'est un excellent moyen de mettre en pratique vos connaissances, et vous allez peu à peu réfléchir plus rapidement face à un sujet.** C'est encore plus formateur de faire cet exercice dans un premier temps seul(e) puis de mettre en commun/comparer vos réflexions avec d'autres camarades qui auront réfléchi sur le même sujet !

Comprendre les attendus du jury. J'ai regretté de ne pas avoir lu les **rapports de jury** plus tôt que pendant mes révisions car ils m'ont beaucoup aiguillé (dans toutes les matières d'ailleurs). **De même que la lecture des bonnes copies, de vos camarades ou celles présentes sur le site Mister Prépa**, c'est un excellent moyen pour comprendre ce que vous pourriez améliorer, tout en saisissant pleinement les attentes du concours.

SAMUEL
(HEC Paris)

Notes obtenues :
17 (ESSEC/EDHEC)
18 (ESCP/SKEMA)
17 (HEC)

HEC PARIS

L'ESH est une matière très importante du concours ECE qu'il convient donc de bien appréhender. Voici quelques conseils pour la travailler efficacement dès la rentrée en deuxième année de Prépa.

Tout d'abord, il est très important de connaître son cours afin d'avoir de bonnes références : **toutes les références dites « classiques » doivent impérativement être maîtrisées.** Puis, pour faire la différence, il est important de connaître d'autres références plus pointues, que tout le monde n'aura pas forcément.

Comme évoqué précédemment, il est important de **suivre l'actualité** : un fait d'actualité que vous reliez bien au sujet en accroche est une vraie valeur ajoutée pour une copie, d'autant plus que c'est la première chose que lira votre correcteur. **Les graphiques, la sociologie, la micro-économie et la macro-économie peuvent également faire la différence si toutes les autres références sont maîtrisées.**

Toutefois, il ne faut pas non plus se perdre dans l'accumulation trop importante et inutile de connaissances. En effet, **l'étape la plus importante demeure l'entraînement sur des annales d'écrits ou d'oraux** : rédiger une introduction, un plan détaillé et une conclusion une fois par semaine en 2 heures est extrêmement bénéfique.

Enfin, à l'approche des écrits, viendra le temps de consulter les rapports de jury pour connaître précisément les attentes spécifiques à chaque École (qui peuvent légèrement varier). Il convient également de ne faire **AUCUNE IMPASSE** sur un chapitre des deux années : les chapitres de première année sont tout aussi importants que ceux de deuxième année.

TÉO
(EMLYON BS)

Notes obtenues :
20 (ESCP/SKEMA)
15 (HEC)

em lyon business school

En début d'année, vous n'avez potentiellement pas encore accumulé le retard d'un programme chargé en ESH deuxième année. **Il faut en profiter pour vous perfectionner et acquérir les compétences qui vous feront performer aux concours et lors de vos DS.**

◎ **Travaillez la sociologie (de première année surtout).** Certes, ça ne tombe pas tel quel au concours écrit ; pour autant, **une sous-partie un peu plus orientée socio est très appréciée et rend la copie unique et tape-à-l'œil.** En sociologie, je révisais surtout des théories qui avaient un intérêt sur un sujet plus éco (donc, principalement, les théories autour des inégalités, du monde de l'entreprise, du développement). J'avais un document avec plein de théories en vrac que je relisais régulièrement afin de les maîtriser sans forcément y passer des heures.

Entraînez-vous dès maintenant ! Pour cela, je vais vous donner deux pistes que j'ai appliquées durant ma deuxième année.

Premièrement, les sujets écrits : prenez un sujet dans les annales d'ESH sur Mister Prépa, un sujet qui demande de la réflexion ou que vous ne maîtrisez pas à la perfection. Puis, **problématisez le sujet pendant 30 minutes et rédigez une courte intro pendant 30 minutes.** Le but n'est pas de passer 4 heures sur un sujet, ce qui serait une perte de temps. **La problématisation et l'intro, c'est facilement 70 % de la note.** Cet exercice permet surtout d'apprendre à réfléchir plus rapidement le jour du concours. Ne pas se demander « Quel auteur je vais pouvoir citer ? » mais plutôt : « Pourquoi j'ai ce sujet ? Qu'est-ce qui pose problème ? » Pour « corriger » cet exercice, je vous conseille de lire plutôt des bonnes copies de concours que des rapports de jury.

Deuxièmement, les colles : faire une colle de 40 minutes (20 minutes de préparation, 20 minutes à l'oral), **c'est réfléchir rapidement à l'intérêt du sujet, et aussi savoir présenter, sous un format court, à l'oral et de la manière la plus précise et distincte, sa compréhension du sujet.**

Bonus oral

NICOLAS
(ESCP BS)

Notes obtenues :
19 (ESCP/SKEMA)
18 (HEC)
18 (ESSEC)
18 (ORAL ESCP)

ESCP BUSINESS SCHOOL

Une matière à la croisée des chemins. L'essentiel est de ne pas oublier la nature véritable de l'ESH, synthèse de l'économie, de l'histoire et de la sociologie, qui vise à transmettre les clés de compréhension et d'analyse d'un monde complexe et en mutation perpétuelle. Ainsi, à l'image de cette matière qui se situe à la croisée des chemins, tous les sujets donnés aux concours le sont également. Gardez en tête que **l'ESH est transversale**, et que cette transversalité détermine aussi bien l'enseignement dispensé en CPGE que la mentalité des concepteurs d'épreuves. Quiconque croit qu'un sujet comportant les concepts de « justice sociale » ou de « préservation de l'environnement » se limite à l'étude de ces derniers se trompe. **Tous les chapitres sont mobilisables pour absolument tous les sujets**, et c'est cette capacité à percevoir et exploiter le caractère malléable et mouvant des attentes du jury qui vous fera exceller.

Vous avez été surpris(e) par le sujet ? Surprenez votre correcteur en retour. Dans un univers où vous travaillez autant que vos concurrents et où vous avez reçu peu ou prou la même formation, **l'inattendu est votre plus grande force**. Il y a des attendus, bien sûr, mais **sortez des sentiers battus**, proposez un traitement personnel et subjectif, vous en serez gratifié(e) ! C'est pour cela que **l'analyse du sujet est absolument primordiale** : il vous faut déceler les polysémies éventuelles et les liens insoupçonnés entre les termes du sujet. Comment penser, dans un monde où toutes les variables interagissent et sont plurifactorielles, que la science chargée de son décodage – qui est aussi celle sur laquelle vous êtes évalué(e) – se refuse à considérer ces liens de réciprocité et ces influences mutuelles ? C'est absurde ! Ne sombrez pas, comme tant d'autres, dans l'absurdité en contingentant les savoirs, en limitant la sphère d'interprétation des objets économiques à l'interprétation que vous voulez bien, dans la hâte, leur donner.

◎ Sortir du cours pour penser par soi-même. **Le réflexe que vous devez abandonner :** c'est la compartimentalisation des connaissances. Pour y remédier, je vous propose une méthodologie très simple, que j'ai appelée « OATEEC ». Cette méthode repose sur un postulat très simple : les plans de vos professeurs – qu'il ne s'agit pas ici de critiquer, et qui sont très utiles pour comprendre les liens logiques internes à chaque chapitre, qui sont autant de pans de la science économique – vous enferment dans une certaine vision des possibilités économiques. Face à un sujet de concours, vous allez être tenté(e) de reproduire les schémas de pensée de vos enseignants, sous prétexte que vous décelez des similitudes entre leurs cours, ou un plan proposé en classe, et le sujet qui vous est posé. Cette habitude est à perdre et le plus rapidement possible.

C'est là qu'intervient la **méthode « OATEEC », littéralement « Ouvrage-Auteur-Théorie-Explication-Exemple-Chiffre »**. Pendant vos révisions, vous allez, pour chaque chapitre, lister les théories proposées par vos professeurs, en n'oubliant pas d'y associer, pour chacune d'elles, le titre de l'ouvrage dont elle est issue, le nom de son auteur, une explication d'une dizaine de lignes, et un ou plusieurs exemples historiques ou économiques qui illustrent la portée et l'ancrage de cette théorie dans la réalité de la vie économique. Enfin, vous allez ajouter quelques chiffres issus des cours de vos professeurs, histoire d'être sûr(e) d'avoir de quoi nourrir votre copie le jour des concours. Ensuite, vous apprenez vos fiches, et vous faites autant de sujets que possible. Si c'est en forgeant que l'on devient forgeron, c'est en dissertant que l'on intègre HEC... **Cette méthode a pour objectif de détruire les liens inconscients que vous avez tissés entre certaines notions** au cours de l'année et qui restreignent significativement votre réflexion personnelle. N'hésitez pas, de surcroît, à ajouter quelques **références de votre cru**, que vous irez chiner sur **Cairn ou Xerfi Canal** : elles sont toujours bien accueillies par les correcteurs, et vous aideront, en diversifiant vos sources d'apprentissage, à casser un peu plus les chaînes logiques délétères susmentionnées. En somme, cette méthode repose sur un principe clair : vos professeurs sont là pour vous apporter les fondements théoriques de votre réussite, et non penser à votre place le jour des épreuves.

◎ Quelques mots sur la préparation de l'oral. Les sujets d'oraux étant relativement plus classiques qu'à l'écrit, et les attentes plus faibles, n'hésitez pas à revenir aux cours de vos professeurs pour les préparer. **On ne vous reprochera pas d'appliquer des engrenages préétablis, c'est même, dans une certaine mesure, ce qui est demandé**, l'épreuve orale étant le second maillon d'un processus de contrôle qualité à deux étapes, **où l'on cherche**

simplement à s'assurer que votre résultat à l'écrit n'était pas qu'un coup de chance ou le fruit du hasard. Ma méthode « OATEEC », par conséquent, ne présente un avantage qu'à l'écrit. Par ailleurs, les épreuves orales d'ESH des ESC les plus prestigieuses peuvent vous pousser à devoir présenter un sujet face à de grands noms de l'économie contemporaine – Emmanuel Combe, Jean-Marc Daniel, Jézabel Couppey-Soubeyran, pour ne citer qu'eux – : l'essentiel est donc, d'abord, de **ne pas vous laisser décontenancer** : il s'agit d'un jury comme les autres, qui vous attend sur des connaissances que vous possédez, au niveau où vous les avez acquises, et qui ne sera pas plus exigeant qu'un autre binôme. Le second point, c'est l'**orientation de vos révisions et de votre discours en fonction du type de profil que vous pourrez croiser le jour des oraux**. Lorsque vous savez que vous serez évalué(e) par Jean-Marc Daniel, n'hésitez pas à donner une intonation libérale à vos révisions. De même avec Emmanuel Combe ou Jézabel Couppey-Soubeyran, spécialistes, respectivement des politiques de la concurrence et de l'économie monétaire et financière. Vous avez deux champs thématiques à réviser en priorité.

Mes notes

....

....

....

....

....

....

....

....

....

....

....

....

....

....

....

Géopolitique (HGGMC)

JULIEN V.
(HEC Paris)

Notes obtenues :
18 (ESCP)
18 (ESSEC)
16 (GEM)
18,5 (ECRICOME)

HEC PARIS

Après une première année souvent éprouvante, **il est temps de vous tourner vers la deuxième. Au bout de celle-ci, les concours vous attendent, échéance tout aussi effrayante et éprouvante que motivante.** Voici donc quelques conseils pour bien l'aborder en HGGMC.

Un seul mot d'ordre : travailler régulièrement et intelligemment ! Si, en première année, la masse de travail dans les autres matières pouvait parfois être éprouvante et vous conduisait à laisser filer pendant un temps l'HGGMC, il ne peut plus en être ainsi cette année ! Le programme est tellement vaste – sans compter qu'il vous faudra réviser l'intégralité de celui de première année – que si vous voulez tout assimiler correctement, vous n'avez pas d'autre choix que de travailler au jour le jour cette matière. **Le meilleur conseil que je puisse vous donner est donc de ficher et d'apprendre TOUS LES SOIRS le cours du jour de votre professeur.**

Quant au cours de première année, je ne préférais personnellement pas le faire entrer dans mon travail quotidien, c'était le meilleur moyen de tout mélanger. Mais pendant les vacances, je m'étais organisé deux « rounds » de révision : un durant les vacances de la Toussaint et celles de Noël, et un au cours de celles d'hiver. **Ainsi, je suis arrivé aux concours sans avoir fait la moindre impasse. De même, évitez absolument de vous disperser dans des lectures ou des recherches complémentaires.** Si celles-ci sont intéressantes et donnent l'impression de travailler activement, elles sont le meilleur moyen de tout mélanger au final et de ne rien retenir de manière effective. Votre professeur vous fournit un cours suffisamment complet, restez dessus !

La méthode : une base indispensable à toute réussite aux concours ! Imaginez un peu : vous travaillez toute l'année de manière acharnée, vous maîtrisez votre cours sur le bout des doigts et pourtant, le jour des résultats d'admissibilité, vous vous retrouvez le nez dans l'eau avec des notes qui ne reflètent absolument pas votre travail et demeurent très loin de vos attentes. C'est ce qui m'est arrivé pendant mon année de carré, et à la lecture de ma copie, mes professeurs m'ont très vite dit qu'il s'agissait d'un réel problème de méthode. Ne faites surtout pas la même erreur que moi !

Travaillez la méthode et profitez des DS, de votre professeur à qui vous pouvez poser toutes vos questions ou encore des articles que vous pouvez trouver sur le site de Mister Prépa pour n'avoir aucun doute le jour J.

Apprenez à trier les informations. Approfondir ne veut pas dire avoir des connaissances encyclopédiques. Certains professeurs ont pour habitude de dispenser des cours extrêmement complets, voire parfois redondants. **N'essayez surtout pas, dans ces cas-là, d'apprendre par cœur des pages de statistiques ou de citations !** Personnellement, j'avais une règle pour savoir si je devais apprendre une statistique. Je me posais la question suivante : « Ai-je déjà dans mes fiches un autre chiffre me permettant d'illustrer le même phénomène que celui-ci ? » Si la réponse est positive, alors éliminez-le. **Certains répondront qu'aux oraux HEC, des sujets sont déjà tombés qui étaient si précis que cette méthode pourrait se retourner contre vous.** À ceux-là, je répondrais qu'il vaut mieux, à un moment donné, plutôt que de s'entêter pour une seule épreuve, travailler toutes les autres de manière correcte, surtout quand cette épreuve ne concerne au final que 800 candidats sur tous les préparationnaires de France.

ETHAN
(AUDENCIA BS)

Notes obtenues :
20 (ESSEC)
16 (ESCP)

Audencia

Les fiches : un incontournable. Se faire des fiches est, selon moi, la meilleure méthode de révision à adopter. Dans les dernières semaines avant les concours, elles représentent un **précieux gain de temps**. Je vous conseille de faire des groupes de fiches par continent. **Vous pouvez découper ces groupes par thèmes et y ajouter des zooms pays, ainsi que des études de cas.** Par exemple, dans la série de fiches « Afrique », vous pouvez consacrer une fiche à la répartition et à la croissance démographique, une autre à la pauvreté et au développement, une autre aux conflits, etc. Ajoutez-y des zooms pays sur l'Afrique du Sud, le Nigeria, l'Égypte, etc. Enfin, démarquez-vous avec une étude de cas sur les tensions autour du Nil ou sur la densité démographique et la pauvreté à Kinshasa. Comme cela, vous mobiliserez vos connaissances plus efficacement lors de la rédaction de vos dissertations.

Quatre épreuves spécifiques et denses. L'HGGMC représente quatre épreuves aux concours des Grandes Écoles : l'épreuve ESSEC/EDHEC, ESCP, GEM et celle d'ECRICOME. Chaque épreuve présente ses spécificités. Le b.a.-ba est de s'informer sur le format et la nature des différentes épreuves d'HGGMC. Par exemple, l'épreuve d'ESCP est très dense, car vous devrez réaliser une dissertation accompagnée d'une carte. Ainsi, connaître par cœur ses chapitres ne suffit pas : il faut savoir les restituer stratégiquement. C'est-à-dire qu'il faut dire l'essentiel et donner des exemples percutants. Pour cela, rien de mieux que la pratique. À force de répétition, les associations arguments/dates/chiffres/exemples se font naturellement. Et c'est un gros atout lors d'épreuves aussi denses.

La cartographie : une épreuve à ne pas délaisser. La carte à l'épreuve d'HGGMC ESCP correspond à 5 points sur 20. **Ces 5 points peuvent faire la différence.** Attention tout de même, l'essentiel reste la dissertation. Une bonne carte accompagnée d'une légende propre mettra le correcteur dans de bonnes dispositions pour vous lire. Il est donc important de ne pas délaisser la carte. Pour vous entraîner, **n'hésitez pas à faire de nombreuses cartes, par continent, mais également du monde pour aborder un sujet transversal**. Le plus important est d'être à l'aise avec la méthodologie. **Des articles sur la méthodologie de la cartographie sont disponibles sur Mister Prépa.**

MATTHIEU
(NEOMA BS)

Notes obtenues :
18 (ESSEC)
18 (GEM)

En deuxième année, il est primordial de reprendre rapidement le rythme de travail pour ne pas prendre le moindre retard. En effet, le programme est chargé et le temps est limité, d'autant plus que les concours arrivent bien plus vite que ce que l'on pense. Toutefois, avec une certaine rigueur et si l'on ne s'éparpille pas, la charge de travail peut être surmontée.

◎ Analyser les bonnes copies : savoir ce qui vous est demandé le jour J ! Le site de Mister Prépa regorge de copies d'étudiants ayant excellé dans cette matière le jour du concours. Lire de bonnes copies et les analyser a de nombreuses vertus. **Sur le fond**, cela permet de voir les pistes de réflexion empruntées à partir de la problématique et de se constituer un panel de références qui peuvent parfois être originales, ce qui est valorisé par les correcteurs. Il convient tout de même de vérifier ces références car il se peut parfois que les bonnes copies cachent des coquilles. **En ce qui concerne la forme**, les bonnes copies montrent la structure à adopter, avec **un exemple pour chaque argument**, qu'importe la nature de l'exemple. L'analyse de bonnes copies en dit donc beaucoup sur la méthodologie de la dissertation de géopolitique qui, quand elle est maîtrisée, peut permettre d'arriver à d'excellentes notes. Ainsi, même si certaines copies pourront vous paraître d'une qualité inatteignable, d'autres seront d'une grande simplicité mais avec une méthodologie respectée de bout en bout, et c'est bien cela qui fait la différence.

◎ Multiplier vos sources : le cours est nécessaire mais insuffisant ! Certes, le cours de votre professeur est bon à prendre mais en géopolitique, il est bon de **diversifier ses sources**. Pour cela, je vous conseille d'avoir une sélection d'ouvrages (sans vous éparpiller pour autant) et de prendre le meilleur, que ce soit dans le cours ou dans ces ouvrages. Par exemple, si vous hésitez entre deux exemples, **prenez le plus original** d'entre eux : celui qui fera mouche auprès du correcteur. Il est également intéressant de **varier le type d'exemples** (livres, films, faits d'actualité, citations, références historiques, chiffres), la nature de ceux-ci (historique, géographique, géopolitique, économique) et les échelles utilisées (mondiale, continentale, locale) au sein de votre copie. Le plus important est donc d'être sélectif(-tive) dans ce que vous décidez d'apprendre (car, par nature, on ne peut être exhaustif en géopolitique), tout en mettant toujours les références choisies au service des arguments.

Ne pas ignorer la cartographie de l'ESCP : faites d'une pierre deux coups ! Vous n'êtes pas sans savoir, comme l'a expliqué Ethan (Audencia), que le barème accorde 5 points au croquis. Mais en réalité, une carte réussie vaut bien plus car elle est bien souvent la **première impression donnée au correcteur**. Il est donc nécessaire de s'y appliquer et de ne pas s'y atteler au dernier moment, dans la précipitation. Pour vous entraîner, je vous propose la méthode suivante : **faites un croquis de carte qui synthétise chaque chapitre que vous fichez**, que ce soit pour des chapitres transversaux ou des chapitres d'aires régionales. Il s'agit alors non seulement d'un exercice pour l'épreuve de l'ESCP, mais aussi d'un moyen mnémotechnique efficace pour mémoriser les aspects cartographiables du cours.

Bonus oral

PAUL
(HEC Paris)

Notes obtenues :
20 (ESCP/HEC)
20 (ORAL HEC)
16 (GEM)
18,5 (ECRICOME)

HEC PARIS

Les conseils qui vont suivre ont pour objectif de démarquer très nettement votre copie et ainsi passer de 17 ou 18 à un potentiel 20. Il s'agit ici de faire abstraction des conseils classiques qui sont censés être maîtrisés pour se concentrer sur ce qui va vraiment vous permettre d'exceller en HGGMC.

Conseils communs

Soyez synthétique et extrêmement précis(e) dans la réalisation de vos fiches... Il s'agit là de l'élément le plus important. En effet, comment, en 4 heures à l'écrit ou 30 minutes à l'oral, voulez-vous rendre une copie structurée et la plus complète possible si vos fiches sont remplies de chiffres inutiles, d'exemples qui illustrent la même chose et d'auteurs qui se répètent ? Pour cela, **il s'agit de vous imposer des limites de chiffres, d'exemples et d'auteurs, et surtout de sélectionner ces derniers intelligemment à partir du cours de votre professeur**. Par exemple, dans le chapitre sur l'Afrique, vous ne pouvez pas vous permettre de retenir cinq exemples différents de guerres liées à la volonté d'accaparer les ressources. **Privilégiez-en un seul, pour lequel vous aurez deux chiffres et deux ou trois dates**, et qui, sur la copie, donnera un effet synthétique et très précis.

De la même façon, essayez de balayer l'ensemble des grandes thématiques d'un continent en ayant, pour chacune, un ou deux exemples très précis et courts associés. Par exemple, pour l'Afrique, sur le thème des conflits, vous pouvez faire une typologie selon les causes des conflits (terrorisme, conflits liés aux frontières ou encore à des crises politiques) et, à chaque type de conflit, associer un exemple précis. Puis, pour l'idée du rapport de l'Afrique à la mondialisation, vous pouvez citer l'exemple d'une entreprise assez originale dans les NTIC (un zoom sur un incubateur africain, ça peut être très sympa), un exemple détaillé sur un port/aéroport, un autre sur une ville globalisée.

… privilégiez l'originalité… Le correcteur préférera que vous lui parliez de terrorisme en Asie du Sud-Est avec des groupes philippins plutôt que de l'État islamique pendant huit pages. La quête d'originalité doit donc orienter le choix de vos exemples dans vos fiches.

… et surtout des informations très récentes ! Bannissez les auteurs de 2000 à 2010, qui n'apportent désormais plus grand-chose à mon sens car le monde évolue. Mais **tenez-vous au courant des dernières sorties d'ouvrages** et essayez de trouver des résumés de la pensée des auteurs sur Internet (cela suffira, nul besoin de lire les ouvrages). Quand vous citerez ces livres, pensez à mettre leur date de parution. De même, pour l'actualité, contentez-vous de la regarder en masse à deux ou trois semaines du concours, afin que votre accroche soit à coup sûr un fait très récent. Commencez par un élément original qui date d'il y a trois jours : cela vous donnera d'entrée un considérable atout.

À l'écrit

◎ **Misez sur la concision et la précision dans les sous-parties.** Pour cela, **les chiffres sont vos meilleurs amis** car ils permettent d'exposer très clairement des phénomènes. Renforcez ensuite l'argumentation avec des auteurs récents et pensez toujours à interpréter leur pensée au regard du sujet sur quelques lignes. Nul besoin d'écrire un long discours car votre copie serait alors déséquilibrée. **Il faut simplement que votre sous-partie soit une mini-preuve de votre thèse.** Bannissez les phrases inutiles et allez à l'essentiel. Pour cela, tout dépend de vos fiches/cours : si vous avez fait un effort de synthèse et de précision au cours de l'année, vous ferez naturellement des sous-parties puissantes et courtes.

◎ **Parlez de tous les domaines d'étude.** Veillez toujours, lors de la réalisation de votre plan, à proposer certes de la géopolitique, mais aussi de l'économie, de la politique, des éléments culturels, des idées sur les nouvelles technologies, et évidemment de l'histoire (avec des dates précises, afin de faire des ancrages historiques de qualité quand vous étudiez les facteurs) et de la géographie.

◎ **Devenir un maître en cartographie avec la technique de la carte unique.** Afin de savoir placer à la perfection tous les éléments, je vous conseille d'**imprimer un fond de carte par continent et de le remplir de tous les figurés intéressants** (réserves de pétrole, gaz, principales villes, frontières en conflit, localisation de groupes terroristes, pays membres de certaines organisations) sans vous préoccuper d'une quelconque légende. Il convient juste de savoir tout placer et d'avoir les idées de figurés pour pouvoir réaliser cette carte de mémoire (qui sera bien évidemment très chargée et moche, mais exhaustive et très utile pour aller vite le jour J). Pour vous aider, vous pouvez consulter les manuels de cartographie.

À l'oral de HEC / en colle

Abordez l'oral de HGGMC avec une approche quelque peu philosophique. L'oral diffère beaucoup de l'écrit dans la mesure où beaucoup de sujets sont plus pointus et appellent à être moins scolaire qu'à l'écrit. En effet, à l'écrit, l'objectif est d'être le plus exhaustif possible en proposant un plan cohérent et argumenté. À l'oral, il faut aussi faire cela mais, pour avoir une note excellente, il faut **davantage dialectiser** et ne pas hésiter à utiliser des métaphores de votre cru afin de donner de la consistance à votre présentation. Montrez dès l'introduction l'intérêt du sujet et, en conclusion, soyez tranchant(e) et percutant(e). Ne craignez pas d'utiliser vos connaissances de façon moins scolaire et d'interpréter ces dernières. Analysez les sujets avec le scan que vous utilisez en culture générale.

Travaillez beaucoup l'ordre dans lequel vous exposez vos arguments afin de créer des gradations et ainsi d'apparaître très convaincant(e).

Pas de panique à HEC si vous tombez sur un sujet très technique. S'il l'est pour vous, c'est le cas aussi pour 90 % des candidats. Pensez alors à des éléments simples liés à ce sujet que vous connaissez et, une fois de plus, **concentrez-vous sur la dialectique** afin de faire quelque chose de convaincant et argumenté. **À l'oral de HEC, pensez plus que jamais à réfléchir à différentes échelles.** Cela est très valorisé à l'écrit mais, à l'oral, c'est presque indispensable. Pensez toujours à décliner les éléments selon différentes échelles afin de donner une dimension géographique à votre présentation. **Pensez aussi « histoire » :** sauf si le sujet parle des voitures électriques ou du bitcoin, il est indispensable de faire des ancrages historiques, avec des dates précises.

Mes notes

....

....

....

....

....

....

....

....

....

....

Culture générale

YANIS
(EDHEC BS)

Notes obtenues :
17 (HEC/EMLYON)
19 (ESSEC/EDHEC)
18 (ECRICOME)

EDHEC BUSINESS SCHOOL

En dissertation, **le plus important est l'introduction.** Il faut tout mettre dedans, ne pas hésiter à tout analyser, à la virgule près. Une bonne intro est une intro où les termes du sujet sont bien analysés et définis, mais aussi qui annonce clairement tout le cheminement que la copie suivra, en laissant – si tout est bien clair – un peu de suspense quant à la fin de la dernière partie, histoire de montrer au correcteur que **vous prenez du plaisir à écrire (ou du moins le lui faire croire)**.

Sur la forme, je vous conseille de **ne pas vous prendre pour ce que vous n'êtes pas et de faire des phrases courtes et directes**, histoire que le correcteur ne se perde pas : ce dernier a horreur des pseudo-Baudelaire qui font des phrases tellement longues qu'eux-mêmes ne les comprennent plus. **Phrases claires, concises, plan clair, concis, ne laissant pas place à l'ambiguïté.** C'est vraiment le plus important. Pour ce qui est du fond, je vous déconseille les paragraphes « tout cuits » : appropriez-vous des auteurs, utilisez leur vocabulaire, paraphrasez-les au maximum, sans pour autant oublier de les citer. Pour chaque partie, je vous conseille deux ou trois sous-parties dans lesquelles vous introduirez l'idée dès le début, sans commencer la partie par le « Selon Descartes » qui est rédhibitoire. Interdisez-vous d'écrire le nom de l'auteur ou du livre dans les deux ou trois premières lignes de votre partie : **expliquez l'idée de l'auteur avant de le citer**.

Introduisez l'idée, continuez avec une transition du type : « C'est ce que Descartes soutient dans… ». Ensuite, essayez d'être le plus pointu possible sur l'idée, de l'expliciter, sans pour autant oublier le sujet, et donc en essayant de placer les termes du sujet régulièrement dans la copie, histoire d'éviter de tomber dans le hors-sujet. Enfin, essayez si possible d'appuyer l'idée de l'auteur avec **une référence un peu moins classique** (littéraire ou même cinématographique). À noter que ces références ne doivent apparaître que pour appuyer une idée philosophique « classique ». Néanmoins, elles restent obligatoires si vous voulez que le correcteur se souvienne de vous et que cela se ressente dans votre note.

Pour finir une partie, rappelez en quelques mots l'idée de l'auteur en essayant de la faire coller le plus possible aux termes du sujet, et essayez de reproduire ça dans chaque sous-partie.

La troisième partie doit être instinctive, elle doit prolonger la réflexion duale des deux premières, dépasser le sujet, peut-être en nuançant la deuxième partie. Concrètement, c'est cette partie qui vous fera **passer du 15 au 18** !

Ainsi, retenez bien ces trois idées pour la culture générale : **une introduction la plus précise possible, des phrases les plus courtes et concises possible, et les termes du sujet les plus présents possible tout au long de votre copie.**

Article Mister Prépa : Bonnes copies
liennathan.fr/2kw5i4

JULIEN B.
(ESCP BS)

Notes obtenues :
16 (ESSEC/EDHEC)
18 (ECRICOME)

L'idéal est d'avoir commencé à travailler le thème l'été précédent. Si c'est le cas, vous partez déjà avec une légère avance et celle-ci fera la différence dans vos copies au début. Mais honnêtement, si ce n'est pas le cas, vous n'êtes pas en retard.

La dissertation qui est attendue aux concours n'est pas une dissertation littéraire avec un peu de réflexion. Ça m'a pris deux ans à comprendre, d'où ma cube. Mais maintenant, vous, vous le savez ! Lors des réunions de correcteurs, ces derniers sont très clairs : il n'y a évidemment pas une unique dissertation, mais une infinité de possibilités. Ce qui est alors attendu n'est pas de voir certaines références, mais de **démontrer votre capacité à réfléchir sur le sujet et l'argumenter**. Chaque année, les correcteurs expliquent qu'« il fallait traiter le sujet et rien que le sujet ».

Je vais vous donner un des conseils qui m'a le plus servi pour les concours : **lisez des rapports de jury**. Et ce dans toutes les matières. **Les rapports de jury sont un résumé de ce qui était attendu à l'épreuve, de ce qui a plu/déplu à la majorité des correcteurs, et donnent des indications pour les années suivantes.** Je vous conseille également de **lire de bonnes copies (*cf.* les « Bonnes Copies » sur le site de Mister Prépa)**. De même que pour les rapports de jury, les bonnes copies vous montrent **ce qui a fonctionné** pour le candidat aux concours et comment il l'a fait. Vous avez certes un thème différent cette année, mais les rapports comme les bonnes copies doivent permettre de vous inspirer. Vous pouvez, par exemple, reprendre **certaines expressions idiomatiques** (je vous donne des expressions que je mettais souvent : « oxymorique, apanage, patent, latent, systémique, de prime abord »).

En termes de lecture sur l'année, votre professeur vous a sûrement déjà donné une liste. Clairement, vous n'êtes pas obligé(e) de lire dix livres. **En revanche, n'en lire aucun est, selon moi, une erreur.** Cela apportera une plus-value à votre copie, même si vous ne pouvez pas tartiner sur un auteur puisque, je le rappelle, **c'est surtout votre réflexion qui compte, et pas celle de certains auteurs** (eux, on sait déjà qu'ils ne disent pas de bêtises…). Vous travaillerez beaucoup de références philosophiques/littéraires cette année. Elles servent à aborder le thème sous différents angles. **Je vous conseille de**

sélectionner les références que vous mettrez dans vos copies en fonction de leur thématique (par exemple, sur le désir : une référence sur désir et réalité, une sur les mauvais désirs, une sur l'infinité du désir…). Ce panel de références vous permettra de traiter des types de sujets divers et d'appuyer vos différents arguments.

Concernant l'emploi du temps, je vous conseille de **travailler la culture générale (CG) une fois tous les deux ou trois jours à raison de 1 h 30 à 2 h**. Dans ce laps de temps, **alternez apprentissage des références et du cours et entraînement sur un sujet. Que ce soit en CG ou ESH/HGGMC, s'entraîner sur des sujets est mon conseil premier**, sans doute le plus important. Ce que je faisais, c'était rédiger une introduction une fois toutes les deux semaines sur un sujet, puis un plan détaillé avec ce que je comptais dire dans les parties et sous-parties. Vous devriez pouvoir faire ce travail (introduction et plan détaillé) en 1 h 20 à 1 h 30.

◎ **Conseils pour une bonne dissertation.** **Posez-vous toutes les questions les plus banales sur le sujet :** Qui ? Quoi ? Où ? Comment ? Pourquoi ? Pour quoi ? C'est essentiel ! À l'aide de ces questions, vous élargirez le sujet et c'est justement ce qui est demandé.

Dans l'introduction – et ça, j'ai mis du temps à le comprendre –, **vous devez écrire explicitement votre raisonnement et le cheminement** qui vous a permis d'arriver à la problématisation du sujet (à différencier de la problématique, qui est la question que vous posez et qui est le fil conducteur de votre copie). **La problématisation est ce nœud de problèmes que vous soulevez en introduction** et qui fera notamment la qualité de votre introduction.

Soignez particulièrement l'introduction et la conclusion. C'est ce par quoi le correcteur commence et termine votre copie, donc le premier aperçu et le dernier intérêt pour elle. Selon l'effet de récence, on se souvient mieux du début et de la fin de quelque chose, raison pour laquelle il faut particulièrement les soigner. Sautez des lignes entre l'intro et la première partie, et entre la dernière partie et la conclusion. Votre copie sera plus espacée et le correcteur appréciera d'autant plus.

Soignez également vos transitions. Chacune de mes sous-parties commençait, dans l'idéal, par un lien avec la sous-partie précédente et par une courte introduction. Les transitions établissent donc des **liens logiques entre vos paragraphes** et la lecture du correcteur est facilitée. De plus, **soulignez chacune des œuvres que vous citez (philosophiques comme littéraires)**.

Pour la longueur de votre copie, les jurys demandent expressément de ne pas dépasser huit pages, sauf si c'est justifié par la qualité de la copie. Chaque année, des copies ont la note de 20 en faisant six à sept pages, donc je vous recommande de ne pas dépasser les huit pages. **Normalement, huit pages vous permettent de vous exprimer assez librement sur le sujet.**

LUCIE
(EDHEC BS)

Notes obtenues :
20 (HEC/EMLYON)
15 (ESSEC/EDHEC)
16 (ECRICOME)

EDHEC BUSINESS SCHOOL

Une fois entré(e) en deuxième année, vous êtes censé(e) avoir un certain bagage méthodologique et théorique. Cependant, il est normal d'obtenir encore des notes qui ne vous conviennent pas puisque **c'est à force de travailler la méthode que vous aurez les déclics nécessaires à l'obtention des meilleures notes.**

Alors comment s'assurer d'avoir ce déclic ? Il est nécessaire de refaire sans cesse des **analyses de sujets et d'écouter les corrections de vos professeurs.** En écoutant ces corrections, vous entrerez dans la logique et vous réussirez petit à petit à vous adapter aux attendus des concours. Il est également nécessaire de vous imposer une certaine routine de travail : ne négligez pas cette matière, travaillez-la toutes les semaines, faites des sujets d'entraînement dans lesquels vous travaillerez d'abord le plan. Un sujet par semaine est un bon rythme. Puis, lorsque vous aurez suffisamment de références pour rédiger quelque chose de correct, travaillez les introductions et conclusions. De bonnes introductions et conclusions sont essentielles à vos copies.

Quels sont les attendus des concours ? Il y en a plusieurs : **le premier est un attendu méthodologique précis.** Avant toute chose, demandez-vous pourquoi ce sujet et pas un autre, pourquoi cette formulation et pas une autre : le sujet « Un monde sans nature » n'a pas forcément les mêmes attentes que le sujet : « Existe-t-il un monde sans nature ? » Ensuite, il s'agit de distinguer les différents sens du sujet et de faire de ces sens vos grands axes. Cet aspect est développé dans l'article « Une méthode miracle pour la philo ? » disponible sur le site de Mister Prépa. Pour cela, prenez chaque mot et veillez aux différents sens qu'ils peuvent avoir : à titre d'exemple, un simple « et » peut signifier une inclusion ou une exclusion. Une fois ce travail de distinctions et de définitions effectué, réfléchissez aux concepts que vous devrez mobiliser et explicitez-les dans vos copies.

Le second attendu des concours est beaucoup plus superficiel : la **forme**. En effet, pour vous assurer les meilleures notes, il faut soigner le style, l'orthographe, le vocabulaire, le respect des transitions soignées, votre écriture pour certains. De fait, vous retrouverez généralement toujours les mêmes fautes dans vos copies, c'est pourquoi il est très important de les reprendre pour améliorer non seulement le fond mais aussi la forme. **Faites des fiches sur vos fautes récurrentes.** Si l'orthographe est un véritable problème pour vous et pénalise grandement vos copies, n'hésitez pas à vous inscrire au « Projet Voltaire » : cette remise à niveau en a aidé plus d'un. **Une copie remplie de fautes aura du mal à atteindre une note élevée.**

Comment rendre une belle copie ? Votre copie doit être claire et mettre sans cesse en perspective ce que vous souhaitez dire. Vous devez, presque à chaque fin de phrase, réitérer en quoi ce que vous racontez répond au sujet. Les correcteurs veulent de la clarté, de la fluidité et comprendre sans avoir à déchiffrer. **Lors de vos transitions, vous**

devez reprendre correctement ce qui a été évoqué puis montrer les contradictions ou paradoxes inhérents à ce que vous avez pu dire dans l'axe précédent. Ensuite, énoncez la nouvelle idée qui est censée répondre au paradoxe en question. **Il est important de faire ressortir clairement les titres d'ouvrages des auteurs.**

◎ **Peut-on progresser sur le style d'écriture ?** Il est clair que beaucoup pensent que le style d'écriture est davantage de l'ordre de l'inné que de l'acquis. Cependant, il existe de **nombreuses méthodes qui vous permettent d'écrire dans un style plaisant, de gagner des points sans pour autant devoir travailler des heures.**

Vous pouvez, par exemple, lire de bonnes copies et vous inspirer de certaines tournures, que vous noterez dans un carnet afin de les retranscrire presque telles quelles aux concours. L'intérêt est d'avoir une construction de phrases précises et efficaces, des mots de vocabulaire que vous emploierez à chaque dissertation et des tournures toutes faites pour vos conclusions, transitions, développements…

La deuxième méthode est de prendre, par exemple, les *Maximes* de La Rochefoucauld et de les écrire sous une nouvelle forme, de votre propre plume, en vous forçant à utiliser un vocabulaire riche et profond.

La troisième méthode est de préparer certains paragraphes, le but n'étant pas de les apprendre par cœur : vous devez bien évidemment vous les approprier. Néanmoins, vous remarquerez, au fil de l'année, à quel point vous utilisez très souvent les mêmes références. Travaillez-les en les rédigeant et en les faisant corriger par vos professeurs. Le jour du concours, vous aurez en tête ces paragraphes et saurez comment en parler au mieux.

En conclusion, **la méthode et les références sont nécessaires pour avoir une très bonne note, mais les points de forme sont très simples à atteindre.** Vous aurez donc besoin de travailler cet aspect, mais ce n'est pas ce qu'il y a de plus lourd, c'est en cela que ces points sont faciles à prendre. **Cherchez à avoir un bon style, à écrire avec peu (ou pas) de fautes d'orthographe, et à faire des transitions claires et distinctes.**

Article Mister Prépa : Une méthode miracle pour la philo ?
liennathan.fr/73nhh8

BENJAMIN
(SCIENCES PO)

Notes obtenues :
17 (HEC)
17 (EMLYON)
17 (ECRICOME)
* Concours 2016 : il n'y avait pas encore la fusion HEC/EM en CG.

SciencesPo

La deuxième année est plus déterminante en culture générale puisque c'est au cours de cette année que vous allez étudier des auteurs et des thèses autour de votre thème. Alors que la première année consistait plus à poser les bases de la dissertation de culture générale, en deuxième année, **il est important de connaître parfaitement la méthodologie et ce qu'on attend de vous**, afin d'utiliser les références de la façon la plus adroite possible. En effet, le plus gros risque serait que votre dissertation ressemble à un catalogue de références mises bout à bout.

Choisissez et travaillez vos références. Mon conseil pour la culture générale en deuxième année est de **choisir les références qui vous parlent le plus et les maîtriser à la perfection**, plutôt que d'essayer d'en apprendre un maximum. Le correcteur sentira tout de suite si vous maîtrisez ou non l'œuvre dont vous parlez. Il est donc bien plus adroit de **retenir quelques références**, en ayant lu l'œuvre ou le passage que vous mentionnez et en ayant retenu les tenants et aboutissants de la thèse de son auteur. **Plus vous serez précis(e) lors de votre analyse** (en abordant des détails que tous les candidats n'auront pas), **plus votre argument sera valorisé car le correcteur verra que vous savez de quoi vous parlez.**

Lorsque vous étudiez votre thème, il y a sûrement des thèses qui vous intéressent plus que d'autres, tout comme des œuvres littéraires qui vous ont davantage plu : approfondissez-les et entraînez-vous à les utiliser lors de vos colles et DS. Vous verrez ainsi si la manière dont vous avez amené votre thèse est la bonne. Revoir encore et encore votre cours peut vite être redondant, surtout quand vous devez le faire dans toutes les matières. C'est pourquoi il est important de varier les supports. **Je vous conseille alors d'écouter des podcasts. Ceux sur France Culture** (émission « Les Chemins de la philosophie »), par exemple, sont très bien faits ; ils abordent tous les thèmes et sont écrits par un nombre incalculable d'auteurs. L'avantage est que vous pouvez les écouter dans les transports en commun quand vous venez au lycée ou quand vous rentrez/repartez de chez vos parents (certains durent une heure). Vous travaillez tout en ayant l'impression de faire une pause ! Outre les podcasts, je vous conseille également d'**aller voir des pièces de théâtre ou encore d'écouter des livres audio. C'est parfois même plus productif que de relire son cours !**

Les citations peuvent apporter un plus à votre copie, mais seulement si elles sont **exactes et qu'elles répondent clairement au sujet**. Il ne s'agit en aucun cas d'essayer de caser à tout prix les citations que vous avez apprises, le correcteur s'en rendra compte. Privilégiez les références qui répondent directement au sujet et à un aspect de votre problématique.

Entraînez-vous ! Chaque semaine, ou une fois toutes les deux semaines, vous pouvez prendre un sujet (cela peut être un sujet que vos camarades ont eu en colle) et vous donner 30 minutes pour le problématiser. **L'important est avant tout la manière dont vous analysez le sujet, donc plus vous serez entraîné(e), plus vous gagnerez du temps le jour du concours ! Et n'hésitez pas à travailler à plusieurs pour confronter vos idées !**

France Culture : Les Chemins de la philosophie
liennathan.fr/5m67ti

Mes notes

Langues

Cette partie est aussi intéressante pour les cubes.

ELISA
(EDHEC BS)

Notes obtenues :
20 (LV1 ECRICOME)
19 (LV2 ECRICOME)
17,8 (LV1 ELVI)
17,2 (LV2 ELVI)

EDHEC BUSINESS SCHOOL

Pour entamer sereinement sa deuxième (ou troisième) année de Prépa en langues, il convient de vérifier que l'on maîtrise les bases grammaticales et civilisationnelles principales, mais également de continuer à étoffer ses connaissances au cours de l'année. Il est, par exemple, **indispensable d'être incollable sur la conjugaison et sur les règles grammaticales majeures**.

Pour le thème et la version, vous allez devoir **commencer (ou continuer) les annales** des années précédentes, et cela de façon régulière. Si vous rencontrez des difficultés avec ces exercices, essayez de les travailler un jour sur deux (pendant 1 h environ), en alternant LV1 et LV2. Cela vous permettra d'acquérir du vocabulaire essentiel que vous devez impérativement ficher et relire régulièrement.

En ce qui concerne l'essai, il convient d'emmagasiner du vocabulaire original et soutenu ainsi que des références civilisationnelles pertinentes grâce à un **suivi régulier de l'actualité**. N'hésitez pas non plus à vous entraîner sur des sujets déjà tombés afin d'apprendre à gérer votre temps mais aussi de mobiliser vos connaissances en civilisation et votre vocabulaire.

◎ Viser la qualité plutôt que la quantité. Une des erreurs que commettent beaucoup d'étudiants est de vouloir accumuler le plus de notions possible en un minimum de temps. Cette ambition ne doit pas se faire au détriment de la qualité de votre apprentissage. En effet, plutôt que d'enchaîner un maximum de thèmes et de versions, **vérifiez que vous maîtrisez d'ores et déjà ceux que vous avez déjà faits**. L'objectif est donc d'éviter de refaire le même thème un mois plus tard et de retomber exactement dans les mêmes erreurs. De la même façon, soyez sûr(e) de bien connaître les listes de vocabulaire déjà vues avant de vouloir en apprendre davantage.

◎ Suivre constamment l'actualité. Face à la richesse de l'actualité rythmant le monde anglophone ou hispanique, il est facile de se laisser submerger par la quantité d'informations. Adoptez ainsi une routine quotidienne ou hebdomadaire qui vous permettra d'être au courant des évènements principaux sans pour autant perdre de temps sur des faits moins pertinents. Nourrissez ainsi vos essais et vos colles d'exemples concrets grâce à des articles (*The Times, The Economist* pour l'anglais, *El Mundo, El País* pour l'espagnol), des vidéos (sur CNN ou BBC Mundo) ou des podcasts (*The English We Speak, Las noticias de EL PAÍS, Las noticias de la SER, TED en español*). L'écoute et la lecture d'espagnol régulières vous permettront, par la même occasion, de progresser en grammaire, en vocabulaire et aussi à l'oral.

ALEXANDRA
(ESSEC BS)

Notes obtenues :
18,6 (LV1 ELVI)
15 (LV2 ELVI)
18 (LV1 ECRICOME)

ESSEC BUSINESS SCHOOL

◎ Refaire le point sur les attendus de chaque épreuve du concours. Même si vous étiez très au point jusqu'en fin de première année, les vacances sont passées par là et il peut être bon de commencer par **vérifier les exigences en termes de format pour chaque épreuve**. C'est aussi le moment d'affiner votre préparation. Si vous ne visez aucune École de la banque ELVi, il n'est pas forcément utile de passer des heures à vous entraîner à la traduction littéraire.

◎ Instaurer une routine. Comme mentionné plus haut, les langues sont souvent les grandes laissées-pour-compte des étudiants en classe préparatoire. **Pourtant, travaillées régulièrement, elles vous permettront de faire la différence aux concours.** Arriver en deuxième année avec des difficultés ne signifie pas que tout est perdu ! Il est encore temps de progresser significativement avec un peu de méthode. Outre les entraînements type concours, il vous faudra aussi prévoir des moments pour réviser les bases. S'il n'est pas obligatoire d'y passer deux heures par jour, vous pouvez consacrer quelques minutes quotidiennes à vous **renseigner sur l'actualité et organiser des révisions grammaticales hebdomadaires**.

◎ Multiplier les supports pour vous confronter aux langues cibles. Ne vous limitez pas aux articles de presse ! **Il est vrai qu'ils vous donneront des expressions idiomatiques à réutiliser dans le cadre de vos essais**, mais il peut être bon de diversifier les supports. Écoutez des podcasts, regardez des vidéos ! Ces deux derniers supports vous seront d'une grande aide au moment des oraux, notamment pour la prononciation.

MARION
(ESCP BS)

Notes obtenues :
18,2 (LV2 ECRICOME)
17 (LV1 ECRICOME)
16,7 (LV2 ELVI)
16,4 (LV1 ELVI)

ESCP BUSINESS SCHOOL

Je vais vous donner les méthodes concernant les différents aspects de l'apprentissage des langues qui, pour moi, ont été les plus efficaces dans l'optique des concours.

Vocabulaire. N'apprenez pas des listes de vocabulaire inutiles sur un thème trop précis, souvent données par les professeurs ou les livres de vocabulaire (exemple : les différents noms de poissons, etc.), car il vous suffit de savoir dire le mot générique pour vous en sortir et contourner le problème, notamment lors des traductions (exemple : utiliser simplement le mot « poisson », ce qui vous fera perdre très peu de points, voire pas du tout puisqu'un nombre extrêmement limité de candidats connaîtra le mot exact et qu'il ne s'agit que d'une inexactitude, une « erreur » qui coûte le moins de points, comparée à un faux-sens ou à une erreur de grammaire, par exemple). De plus, si vous apprenez la traduction de « daurade », par exemple, il y a peu de chances que vous vous en rappeliez si jamais ce mot tombait lors du concours (surtout si vous ne revoyez pas le vocabulaire déjà appris).

Alors **ne perdez pas votre temps** et, à l'inverse, lors de la correction de traductions ou d'essais, **notez dans un carnet ou directement sur Quizlet tous les mots qui vous ont vraiment empêché(e) de traduire une phrase**, pour lesquels vous n'avez trouvé aucun moyen de contourner par un autre mot, donc ceux qui vous ont vraiment manqué.

Enfin, n'oubliez pas de **revoir régulièrement cette liste personnalisée** de vocabulaire pour contrer la courbe naturelle de l'oubli.

Essais et colles. Ayez des **exemples très précis qui vous intéressent** (cela aide à se rappeler) sur des thèmes différents (exemple : l'environnement, la politique, les femmes, l'économie, le travail). Cela vous aidera à réfléchir plus vite en colle ou face aux essais. Vous pouvez les collecter au fur et à mesure de l'année **en fonction des chapitres de civilisation** abordés en cours (soyez bien attentif(-tive) aux exemples précis que votre prof peut donner) et **selon les textes sur lesquels vous êtes tombé(e) en colle ou essais** (encore une fois, écoutez bien la correction et les pistes données par votre prof/colleur, ils donnent souvent beaucoup d'exemples que vous ne connaissez pas ou auxquels vous n'avez pas pensé, vous pourrez alors les ajouter à votre fiche, mais seulement si vous les comprenez bien).

Grammaire. Entraînez-vous sur les **sujets ECRICOME** : ce sont des phrases de thème composées de difficultés grammaticales à maîtriser, que vous visiez ECRICOME ou BCE, puisque la justesse grammaticale compte beaucoup dans les essais comme dans les traductions des **deux banques d'épreuves**.

Enfin, rappelez-vous que **les matières ne sont pas cloisonnées !** Ce que vous apprenez en HGGMC, par exemple, peut très bien servir vos essais de langues, et inversement.

MAÏWENN
(ESSEC BS)

Notes obtenues :
16 (LV1 ELVI)
16 (LV2 ELVI)
18,75 (LV1 ELVI)

ESSEC BUSINESS SCHOOL

Se construire une base de civi solide. En première année, vous avez logiquement consolidé, voire revu vos bases au niveau de la langue. **Mais si vous voulez briller en essai, il est important de ne pas négliger l'aspect civilisationnel.** À chaque fin de thème, je me faisais une petite fiche avec les informations que je pouvais replacer dans un essai : ça m'a permis de passer de 0,5 sur 8 en contenu, à presque 8 en première année !

S'entraîner sur des sujets pour apprendre à gérer son temps. 4 h (3 h pour la LV2 ECRICOME), ça passe très vite quand on a plusieurs types d'exercices au sein de l'épreuve. Les entraînements en langue sont souvent négligés face aux maths ou à l'ESH/géopo : or, **plus vous vous entraînez, plus vous prenez conscience du temps dont vous avez besoin pour chaque épreuve.** Pour ma part, je prenais 1 h, voire 1 h 30 pour les traductions, afin de garder plus de temps pour la rédaction. *Idem* pour les oraux : en plus des colles, **pensez à utiliser des annales ou des articles d'actualité pour apprendre à bien respecter le temps de préparation** (et éviter d'improviser un plan après avoir passé tout le temps de préparation sur la présentation de l'article).

LUCAS
(KEDGE BS)

Notes obtenues :
16,3 (LV2 ELVI)
20 (LV2 ECRICOME – Cube)
18 (LV2 ECRICOME – Carré)
18 (LV2 IENA – Cube)
19 (LV2 IENA – Carré)

KEDGE BUSINESS SCHOOL

Pour la partie thème/version, j'avais l'habitude de faire au moins un thème et une version en plus de ceux demandés par ma professeure, ce qui faisait un total de **trois ou quatre traductions par semaine**. L'entraînement est nécessaire pour se détacher de la traduction littérale et oser prendre des libertés de traduction. **J'utilisais un carnet dans lequel je notais les mots de vocabulaire et les expressions idiomatiques.** Il peut également être intéressant de les trier par genres (expressions avec des noms de fruits et légumes, expressions avec des parties du corps… notamment pour les traductions ELVi). Pour l'épreuve ECRICOME, je fichais les **mots de vocabulaire « spécifiques »** à cette épreuve. En effet, le thème ECRICOME demande généralement les mêmes mots et expressions (bien revoir le vocabulaire du monde du travail, étudiant, actualité). Certains étudiants préfèrent ficher leurs mots de vocabulaire sur Quizlet, qui propose des exercices d'apprentissage.

La deuxième chose importante pour s'améliorer en langues est la **maîtrise de la grammaire**, que cela soit en thème grammatical, littéraire ou en version. Les thèmes

ECRICOME et IÉNA sont faits de manière que les points de grammaire soient remarqués par l'étudiant (les phrases comportent toutes au moins un point de grammaire, par exemple du subjonctif imparfait ou la traduction de « d'autant plus que »). **Je fichais tous les points de grammaire sur lesquels je tombais en traduction.** Cette maîtrise me permettait de passer moins de temps sur le thème et la version, et donc de passer **plus de temps sur l'essai**, sur lequel je comptais pour me démarquer des autres candidats. De plus, la grammaire est utile pour les traductions, mais également pour l'essai, car une copie sans fautes est une copie qui se démarquera des autres, d'autant plus si les idées sont clairement expliquées.

Mon année de cube m'a permis de réellement m'améliorer en essais. En effet, je maîtrisais déjà les règles grammaticales, j'avais donc plus de temps pour l'essai. Conscient que la civilisation est délaissée par beaucoup de candidats, **j'ai souhaité passer du temps à lire la presse, à m'intéresser à l'actualité**, à connaître les différents présidents et leurs partis politiques, mais également les personnalités importantes de chaque pays (personnalités indigènes, femmes engagées), des citations et des slogans. Les sujets touchent de plus en plus plusieurs pays, l'analyse de l'actualité sud-américaine au niveau continental me paraissait par exemple importante pour l'espagnol.

Au fur et à mesure que je rédigeais mes essais, j'ai commencé à connaître les expressions que j'utilisais le plus. J'avais en tête une fiche mentale des mots et expressions qui étaient possibles de caser dans tous les essais. J'écrivais donc ces mots sur mon brouillon et essayais de les utiliser dans mon essai pour **le rendre le plus idiomatique possible**. Pour réussir un bon essai, il faut, selon moi, connaître l'actualité de la langue, aller droit au but tout en mentionnant des faits précis (citations, dates…) et utiliser des mots de liaison et des expressions idiomatiques.

Mes notes

....

....

....

....

....

....

....

....

....

Contraction de texte

Cette partie est aussi intéressante pour les cubes.

ANAÏS
(GRENOBLE EM)

Notes obtenues :
19 (HEC)
17 (ECRICOME)

GRENOBLE
ECOLE DE
MANAGEMENT

L'entraînement est la clé. Tout d'abord, il n'y a pas de potion magique pour cette épreuve, uniquement du travail ! C'est en travaillant régulièrement que l'on s'habitue à repérer la structure d'un texte, à extraire les éléments essentiels et à soigner son style d'écriture. Dans un premier temps, faire au moins un résumé par semaine et s'entraîner en réécrivant/reformulant les anciens apparaît comme un bon entraînement. **Reformuler votre propre écriture va vous aider à voir concrètement les phrases où vous n'êtes pas clair(e), les phrases imprécis(e) ou tout simplement celles où on ne vous comprend pas.** Car oui, cela arrive très souvent lorsque l'on est dans l'exercice, ce que l'on écrit nous paraît clair et concis mais pour le correcteur, ça ne l'est pas du tout ! Donc bien travailler et retravailler son expression écrite.

Ensuite, pour ce qui est de la **méthode pure**, il faut impérativement l'intégrer pour être opérationnel le jour J. D'où la nécessité de bien s'entraîner avant et de ne pas se dire : « De toute façon, le résumé dépend du texte, du correcteur. » Tout cela est VRAI, mais c'est la même chose pour tous et pour beaucoup de matières. **Ainsi, travailler régulièrement vous permettra d'assurer une bonne voire très bonne note car c'est un travail de fond.** Quelqu'un qui est à l'aise à force de travailler des résumés, cela se ressent dans une copie. Une grande majorité d'élèves ne finissent tout simplement pas leur résumé le jour du concours, oublient de noter le nombre de mots ou n'ont pas le bon nombre, font des fautes d'orthographe, oublient le titre pour ECRICOME… : des erreurs d'inattention qui arrivent beaucoup plus souvent qu'on ne le croit. **C'est une épreuve très courte, entraînez-vous et vous limiterez très largement des erreurs de consigne impardonnables.**

Précisions concernant la méthode. La grande majorité des textes de résumé HEC sont des **textes qui exposent une argumentation**, c'est-à-dire que les arguments s'enchaînent progressivement pour amener à une réflexion. Selon moi, il est IMPÉRATIF que votre résumé retranscrive cette argumentation et le cheminement qu'utilise l'auteur pour arriver à la fin du texte. Ceci se fait le plus souvent par l'intermédiaire de mots de liaison situés en début de paragraphe. Il est important qu'ils apparaissent dans le résumé. Personnellement, **je les soulignais dans le texte pour bien repérer la STRUCTURE et la retranscrire.** Ensuite, je résumais paragraphe par paragraphe avec une ou deux phrases maximum pour retranscrire les idées principales. Je reçois aussi pas mal de questions disant que, malgré l'entraînement, certains restent bloqués à des notes assez basses, et qu'ils ne savent pas comment les augmenter. Ne vous concentrez plus sur les notes et faites de votre mieux. Demandez directement à votre professeur ce qui ne va pas et bossez dessus. **En général, c'est souvent des soucis d'imprécision ou d'incompréhension.** Demandez-lui si vous pouvez réécrire votre texte et qu'il le relise, mais ne bloquez pas sur la note en tant que telle.

ARTHUR
(EDHEC BS)

Notes obtenues :
16 (HEC)
15 (ECRICOME)

EDHEC BUSINESS SCHOOL

En deuxième année, **le travail en contraction est un prolongement de celui de première année.** Normalement, vous avez compris que les règles à respecter étaient rigoureuses et nécessaires pour éviter de très mauvaises notes. Néanmoins, vous avez peut-être encore du mal à décoller. Danc ce cas, **pas de panique ! Vous avez encore toute l'année scolaire pour comprendre la philosophie de l'épreuve et grappiller petit à petit des points et de la confiance en vous** (importante pour cette épreuve). Je vais vous donner quelques clés pour vous permettre de bien saisir les enjeux de l'épreuve.

Revenons sur quelques bases. Tout d'abord, rappelons que **la contraction vous donne pour objectif de résumer, en respectant le nombre de mots imposé**, un texte qui peut être plus ou moins complexe et plus ou moins long (ou long et complexe !). Ce qu'il faut avant tout, car vous êtes limité(e) en temps et en mots, c'est savoir **retranscrire la trame générale du texte. En effet, il existe, pour chaque texte, un axe démonstratif, une grande idée présente du début à la fin** (la démocratie, la littérature, etc.). **Cet axe est le point d'ancrage** (qu'il faut repérer dès la première lecture) de votre résumé, qui doit suivre la manière de penser de l'auteur, et respecter l'ordre des arguments et la structure du texte (en termes de progression des idées et des thèses évoquées).

Le texte est donc à bien comprendre. Vous ne devez pas forcément comprendre le texte dans ses nuances et ses complexités (vous comprendrez peut-être mal certaines parties du texte), mais dans sa globalité, en ayant du recul vis-à-vis de celui-ci. **C'est pour cela qu'il est essentiel de ne pas paniquer devant un texte dont on ne comprendrait pas toutes les subtilités. Il vaut mieux faire un résumé complet, qui suit la trame du texte et qui reprend les idées principales**, qu'un résumé qui tente de s'embourber dans des détails peu importants et qui encombrent le résumé (et qui font perdre du temps). **À cet égard, j'invite ceux qui éprouvent des difficultés à extraire les idées principales à s'entraîner à lire des articles « types »** (dans les annales, par exemple).

Et pour aller plus loin. Maintenant que vous commencez à comprendre l'enjeu de l'épreuve, vous pouvez commencer à prendre confiance en vous. En effet, la contraction de texte demande un double travail, qui s'avère intéressant. Le premier est l'**application rigoureuse d'une méthode** qui vous permet de composer un résumé complet, respectant les règles de fond et de forme. Le second, opposé au cadre strict imposé, s'appuie sur la **liberté de rédaction et d'expression**, et vous permettra d'atteindre des notes de plus en plus élevées, à mesure que la précision de votre rédaction augmentera.

Mais attention : cet infini des possibles qui s'offre à vous ne doit pas prendre le pas sur une certaine logique, qui est celle de ne pas user d'expressions ou de phrases folkloriques.

En effet, de même que les auteurs et écrivains utilisent des phrases courtes, claires et précises dans leurs ouvrages, il vous faut suivre cette voie. Il est ainsi nécessaire d'oublier les phrases longues dans lesquelles le correcteur va se perdre, les phrases complexes qui n'apportent rien au résumé, et d'éviter à tout prix les expressions qui semblent à première vue esthétiques mais qui comportent des fautes de syntaxe abhorrées des correcteurs. **En résumé, une fois que vous avez compris la logique de la contraction, laissez parler votre inspiration, sans pour autant tomber dans l'excès.**

Enfin, si vous n'éprouvez pas de difficultés quant à la mise en exergue des idées principales, **vous pouvez aller de plus en plus loin dans l'analyse du texte**, et relever des exemples et des nuances qui, s'ils ne prennent pas le pas sur les arguments principaux, seront appréciés et vous permettront de vous distinguer aux yeux du correcteur.

Pour conclure, **la contraction de texte demande un certain travail méthodologique**, notamment si vous avez des difficultés à appréhender l'épreuve. À cet égard, ce qu'il faut avant tout, c'est trouver votre méthode, qui peut être très différente d'une personne à une autre (car cela dépend de votre vitesse de lecture, de votre facilité à rédiger, de votre capacité à limiter tout de suite le nombre de fautes, etc.). Je vous conseille alors de « tâtonner » afin qu'une certaine habitude (presque routine) s'instaure, et que **vous sachiez exactement comment étudier le texte proposé**.

Mes notes

....

....

....

....

....

....

....

....

Synthèse de textes

YVES
(HEC Paris)

Notes obtenues :
18 (ESCP – Carré)
16 (ESCP – Cube)

La synthèse commence toujours par une **question directrice** (personnellement, j'essayais de ne pas dépasser les 15 mots pour être le plus clair possible) puis se structure de cette forme-ci :

Question directrice (souvent fermée)
– 1re sous-question
Utilisation des trois auteurs…
Saut d'une ligne
– 2e sous-question
Utilisation des trois auteurs…
Saut d'une ligne
– 3e sous-question
Utilisation des trois auteurs…

Le nombre de mots des sous-questions comme celui de la question directrice sont comptabilisés dans le total des mots. Souvent, la troisième sous-question reprend la formulation de la question directrice et on est censé arriver à la même réponse pour les deux questions.

La première sous-question est bien souvent une question de type « exposition ». Les trois textes parlent généralement d'un sujet plus ou moins d'actualité, et cette première question va venir exposer les avis des trois auteurs sur ce sujet. Par exemple, sur des textes portant sur la démocratie, la première sous-question peut être : « Quel est l'état actuel de la démocratie ? »

Surtout, **évitez d'avoir un « plan type »** que vous pourriez coller sur n'importe quelle synthèse ! Bien souvent, les structures vont être similaires d'une synthèse à l'autre, mais il faut réussir à être flexible pour que cela ne passe pas pour du copier-coller au sens de l'examinateur. C'est pour ça qu'il faut se méfier des questions types, et toujours essayer de les rattacher au sujet et à la question principale que vous avez définie.

Évitez aussi les plans contradictoires, bien souvent cela ne mène pas à grand-chose. C'est-à-dire que la deuxième question ne doit pas venir contredire la première. **Les contradictions doivent venir des auteurs au sein des parties.** Ce qui est (très) fortement recommandé, c'est de faire trois phrases par sous-partie, une pour exprimer la pensée de chaque auteur. Il peut arriver que les trois textes ne soient pas en opposition, et dans ce cas, il ne faut surtout pas faire un plan (ou des questions) qui irait à l'encontre des textes (ce qui semble logique, mais il est important de le préciser). **N'oubliez pas, enfin, que c'est un exercice de compréhension.** La lisibilité et la simplicité doivent être les maîtres-mots. Faites des phrases simples, sans vocabulaire douteux pour « donner du style », car ce n'est pas ce qui est recherché. Vous avez 4 heures, donc la relecture est très importante : il faut qu'une fois votre synthèse terminée, vous la relisiez et vous vous demandiez si cela est fluide, cohérent et très rapidement lisible.

LENA
(EMLYON BS)

Notes obtenues :
19 (ESCP – Cube)
15 (ESCP – Carré)

em lyon business school

S'entraîner avec des annales. En synthèse, comme dans toute autre matière, **consulter les annales est indispensable**. N'hésitez pas à vous entraîner dans les conditions du concours. Un des enjeux principaux est la gestion du temps : le jour J, vous devez scrupuleusement respecter les « délais » que vous vous êtes imposés durant l'année. Par exemple, une heure pour lire les documents, deux heures pour travailler sur la confrontation des différents textes et une heure pour passer à la rédaction. **S'entraîner permet d'être sûr de finir sa synthèse le jour du concours.** N'hésitez pas à aller sur le site Mister Prépa, où vous pourrez retrouver des synthèses qui ont eu une bonne note au concours pour comprendre la philosophie de l'épreuve !

D'autre part, les annales vous permettent de **cibler les attentes** de cette épreuve. La synthèse est une épreuve de compréhension et permet de jauger votre élégance syntaxique. À la différence du résumé, la synthèse donne plus de liberté. En effet, vous devez rester fidèle aux textes, mais vous pouvez aussi **montrer au correcteur que vous avez des connaissances littéraires et philosophiques !** Vous devez explicitement suggérer que vous avez une vision globale, les correcteurs sont particulièrement sensibles aux connaissances acquises en première année.

Veiller à la forme. Vous devez vous amuser : pendant l'année, écoutez attentivement vos professeurs et notez les phrases, les mots que vous trouvez élégants ou que vous ne connaissez pas. Vos professeurs sont diplômés en lettres, en philosophie… Ils vous apportent une richesse intellectuelle sur le fond mais aussi sur la forme. Si vous n'arrivez pas à déceler les « pépites syntaxiques » de vos professeurs, n'hésitez pas à leur demander des listes de mots, des règles de syntaxe. Certaines fautes peuvent complètement décrédibiliser votre copie (par exemple, l'adverbe « ainsi » et l'inversion du sujet et du verbe). **N'oubliez pas de rendre une copie propre et d'avoir une écriture lisible.** Si vous avez des lacunes en syntaxe, n'alourdissez pas votre copie avec des phrases trop complexes, **entraînez-vous à faire des phrases courtes**, vous gagnerez en clarté. Il vaut mieux une phrase courte et bien construite qu'une longue phrase trop complexe qui risque de fatiguer le correcteur.

Si l'orthographe est votre ennemi(e), il serait très rentable de vous y attaquer pendant ces deux années car les fautes d'orthographe coûtent très cher en synthèse. Pendant l'année, vous devez répertorier les fautes que vous avez faites dans vos copies de résumé, de synthèse, de culture générale afin d'éviter de refaire les mêmes erreurs. Il existe à ce propos des sites internet très bien faits pour travailler l'orthographe, comme le **Projet Voltaire** (payant mais parfois pris en charge par les établissements pour leurs élèves). Vous pourrez également vous rendre sur le site ou l'Instagram de Mister Prépa, où vous trouverez des quiz pour réviser votre orthographe !

Mes notes

....

....

....

....

....

....

....

....

....

....

....

....

....

....

....

....

....

....

Éco-Droit (ECT)

HUGO
(EDHEC BS)

Notes obtenues :
17,5 (ESSEC)
18,5 (ECRICOME)

EDHEC BUSINESS SCHOOL

Pour bien réussir vos concours et vous placer dans **les meilleures Écoles possible, il va falloir vraiment axer son travail sur la « triplette gagnante »**. En effet, si vous obtenez des notes supérieures à 15 en économie-droit, management et maths, alors vous vous assurerez une bonne admissibilité en théorie. **Il faut donc axer sa stratégie sur ces matières.**

Je vais vous donner une stratégie qui m'a été utile pour l'économie-droit et quelques petits conseils. C'est une matière où vous pouvez facilement avoir des points, mais pour cela, il va vous falloir comprendre les mécanismes de l'épreuve.

Tout d'abord, pour prétendre à une bonne note, **il faut travailler vite et bien.** Finir le sujet est essentiel car certains candidats n'y arrivent pas et *de facto*, vous gagnerez des points par rapport à eux. **L'épreuve d'économie-droit en ECT est une épreuve qui requiert des automatismes et de la rapidité.** Il va donc falloir vous entraîner par le biais d'une méthodologie pour que vous maîtrisiez tous les mécanismes qui feront que vous réussirez à terminer le jour du concours. Voilà comment j'ai abordé chaque sous-épreuve durant ma deuxième année :

- **QRA :** un sujet par semaine (rédaction intro + plan) ;
- **Synthèse :** quelques synthèses durant l'année en guise de concours blanc ;
- **Cas pratiques de droit :** fichage des articles par cas types (exemple : articles 1128, 1130, 1131, 1137 du Code civil). Faites les cas pratiques de droit des années précédentes (cela n'est pas très chronophage) ;
- **Veille juridique :** recensement de divers éléments de veille de l'année par sujet type + rédaction et apprentissage d'une intro type (*cf.* à ce sujet mon article Mister Prépa sur la méthodologie de veille juridique) ;
- **QCM :** apprenez toutes les théories par cœur (elles vous seront tout aussi utiles pour l'épreuve de QRA). Faites les annales des années précédentes, qui seront de bons indicateurs sur les attentes du concours.

La partie du droit est la partie où vous pouvez le plus facilement vous garantir des points. En effet, il s'agit d'une partie qui demande surtout de l'apprentissage. **La partie économie est plus technique**, elle requiert davantage de pratique. Vous devez donc vous efforcer de faire des annales pour intégrer la technique et gagner en rapidité.

Contrairement aux maths, cette matière ne demande pas que vous la travailliez intensément plus de six mois avant les concours, mais vous devez tout de même **la travailler régulièrement pour ne pas être dans le speed à deux mois des épreuves.**

Article Mister Prépa : Droit ECT : la veille juridique et sa méthodologie

liennathan.fr/3gm4e9

AMINE
(HEC Paris)

Notes obtenues :
18 (ESSEC)
20 (ECRICOME)

HEC PARIS

En deuxième année de Prépa, **vous vous devez d'être très stratégique dans votre manière de travailler.** En effet, les concours se rapprochent de plus en plus et tous vos efforts doivent être tournés vers un seul et unique objectif : obtenir la meilleure note possible dans chaque matière. Pour ce faire, **vous devez combler les lacunes importantes au plus vite et adopter la méthode de travail la plus optimale pour vous préparer aux concours.**

Je vais vous livrer quelques conseils qui m'ont aidé à obtenir une bonne note en économie-droit. **C'est une matière où le travail est très rentable** (notamment en droit) et où les points sont relativement faciles à prendre. Mais pour y arriver, il va falloir allier maîtrise du cours et rapidité. Ne confondez toutefois pas vitesse et précipitation. Rien ne sert de vouloir finir à tout prix le sujet au détriment de la qualité de vos réponses. Il est certes préférable de finir l'épreuve, mais la qualité est à privilégier. Je n'ai personnellement pas réussi à finir le sujet ESSEC et cela ne m'a pas empêché d'obtenir une bonne note.

Cas pratiques. Il est essentiel d'apprendre parfaitement son cours de droit et d'en saisir toutes les subtilités. Par ailleurs, certains articles de droit sont à apprendre par cœur car ce sont des incontournables, tandis que pour d'autres, vous pouvez vous contenter d'en résumer le contenu. Toutefois, **je vous conseille d'apprendre par cœur le plus d'articles possible car ils vous permettent un énorme gain de temps en évitant de penser à une formulation juridiquement correcte.** Les correcteurs apprécient notamment la justesse des règles de droit citées et le vôtre saura vous avantager s'il remarque que vous avez fait l'effort d'apprendre les articles nécessaires pour répondre aux cas pratiques.

Je vous conseille vivement de vous entraîner sur les sujets des années précédentes car **les questions ont tendance à se répéter.** Pensez à ficher le cas pratique ainsi que la réponse apportée afin que de pouvoir déterminer plus rapidement vers quel problème de droit les concepteurs veulent vous diriger.

Veille juridique. La question de veille juridique est sans doute la manière la plus facile d'obtenir des points en économie-droit. En effet, bon nombre d'élèves la négligent alors que, souvent, **elle peut être traitée facilement si l'on dispose des connaissances nécessaires.** Je vous conseille donc de ficher l'ensemble des actualités de veille juridique selon ce qu'elles vous permettent de démontrer. Il vous suffira ensuite de construire une argumentation solide en piochant dans vos fiches les actualités les plus pertinentes pour illustrer vos propos. Pensez à avoir en tête quelques cas de jurisprudence célèbres en rapport avec votre sujet qui peuvent vous servir d'accroche et à apprendre les définitions des notions qui découlent de votre sujet pour compléter votre introduction.

QRA. Vous serez sûrement tenté(e) de négliger la QRA car elle ne vous paraîtra pas assez rentable. En effet, la charge de travail nécessaire pour maîtriser les cours des deux années en économie ainsi que le fait que le sujet puisse tomber sur n'importe quel sujet peuvent être décourageants. Mais n'oubliez pas, la QRA correspond à 8 points sur 40 au concours, soit **20 % de la note globale.** La négliger serait vous exposer inutilement au danger de rater votre épreuve. De plus, si vous optez pour un travail rigoureux et régulier de l'économie durant les deux années de Prépa, vous n'aurez normalement aucun problème à obtenir une bonne note à cet exercice. Pour optimiser votre apprentissage, **vous pouvez ficher l'ensemble des apports théoriques étudiés en les classant selon les thèmes qu'ils abordent et les arguments qu'ils permettent de confirmer ou d'infirmer.** Par ailleurs, je vous conseille d'intensifier votre suivi de l'actualité économique à partir de novembre de la deuxième année, étant donné que les sujets sont conçus vers janvier ou février. Ne vous contentez pas d'une lecture superficielle des faits, approfondissez au maximum le sujet afin de disposer d'exemples efficaces et pertinents à placer en QRA.

Globalement, la Prépa ECT est une rupture évidente avec le lycée qui vous incite à donner le meilleur de vous-même et à repousser vos limites. Sachez que le simple fait que vous soyez en Prépa prouve que vous êtes capable d'y réussir. **Ne vous découragez pas devant les difficultés et les doutes** que vous allez rencontrer, et apprenez à les surmonter en maintenant votre motivation et votre confiance en vous. Vos efforts finiront par payer et vous serez bien content(e) de vous être donné à fond quand vous intégrerez. Je vous souhaite bon courage pour vos concours !

Mes notes

Management (ECT)

ISMAÏL
(ESSEC BS)

Notes obtenues :
16 (HEC)
18,5 (ECRICOME)

ESSEC BUSINESS SCHOOL

L'épreuve de management est l'une des plus redoutées par les candidats, de par sa longueur et la complexité du cas.

Comment m'y prendre ? Dois-je lire tous les documents avant de répondre aux questions ? Par quel dossier commencer ? **L'épreuve de management HEC est très souvent structurée de la même façon, avec presque les mêmes questions types.**

Un premier dossier stratégie. Il s'agira de bien cerner l'environnement de l'entreprise, ainsi que ses forces et ses avantages concurrentiels pour s'assurer une pérennité sur le marché.

Le but ici est bien évidemment d'appliquer votre cours, mais le plus important est de vous détacher des banalités tout en montrant au correcteur que vous êtes capable d'utiliser le cours comme support de réflexion, et donc de proposer des réponses construites avec des propositions, des idées, des informations qui vous feront sortir du lot : **le piège à éviter, c'est la PARAPHRASE**.

La stratégie à adopter pour ce premier dossier est de lire (pas toujours en profondeur) les documents relatifs à ce dossier, d'en tirer un maximum d'informations utiles à l'analyse, en veillant à chaque fois à interpréter l'information par rapport au cas et à la situation de l'entreprise : **TOUTE GÉNÉRALITÉ EST À BANNIR**.

Ce premier dossier est déterminant car il couvre souvent beaucoup de points et donne une idée au correcteur du niveau de la copie. **Je vous conseille donc de commencer votre épreuve par ce dossier et d'y consacrer un peu plus de temps**, car il vous servira énormément pour expliquer des stratégies financières ou commerciales plus tard.

Un deuxième dossier (parfois troisième) qui traite des problématiques financières de l'entreprise. Ce dossier a aussi une très grande importance car il s'agit d'un des dossiers les plus ratés par les candidats, surtout s'il comporte une partie calcul de coût (*cf.* HEC 2019). Comment se préparer ? Voici les **notions à connaître par cœur pour être sûr de ne pas perdre de temps le jour du concours, et de consacrer plus de temps à l'analyse et à la réflexion** :

– Comment faire un bilan fonctionnel
– Comment faire un P&L (SIG)

– Comment faire ses tableaux d'amortissements (immo et emprunt avec toutes les formules d'annuités)
– Calcul de coût (complet/ partiel)

À noter qu'il ne faut pas oublier de bien maîtriser son cours pour les questions RH et SI également.

Gestion du temps. La difficulté majeure de l'épreuve reste sa longueur et donc la gestion du temps. Si vous voulez espérer une très bonne note, il faut absolument venir à bout de l'épreuve (exemple : sujet HEC 2019). **Je vous conseille donc de mettre en place une stratégie dès que vous avez votre sujet devant vous.**
– Premier dossier stratégie : veillez à y accorder assez de temps pour le traiter correctement, faire ressortir vos qualités d'analyse et ne pas vous contenter de la simple paraphrase (1 h 30 en moyenne).
– Deuxième dossier finance + calcul de coût : c'est un dossier où il faut faire preuve de rigueur car le calcul de coût est souvent très long et prend énormément de temps (1 h 30 en moyenne).
– Un dernier dossier, moins lourd, sur la stratégie numérique de l'entreprise, est là pour s'assurer que vous maîtrisez toutes les parties du cours (consacrez-y 45 minutes à 1 heure).

Vous aurez remarqué que je ne vous recommande pas de consacrer du temps à la lecture des documents au début car il s'agit d'une très mauvaise méthode ! Les documents se lisent au fur et à mesure du sujet. Prenez le temps de lire le contexte avant de commencer l'épreuve, mais ne lisez surtout pas tous les documents ! En traitant le dossier 1, lisez les documents relatifs à ce dossier et essayez de survoler les passages inintéressants.

TALA
(NEOMA BS)

Note obtenue :
19 (ECRICOME)

NEOMA
BUSINESS SCHOOL
REIMS · ROUEN · PARIS

L'épreuve de management est considérée comme l'une des épreuves les plus importantes de la filière ECT, avec un grand coefficient. **Mais pas de panique, la clé de la réussite en management n'est pas si compliquée.** D'abord, vous devez savoir où résident les difficultés car, dans cette épreuve, elles ne sont pas liées au programme de management mais plutôt à la modalité de l'épreuve. En fait, les deux difficultés majeures sont : comment gérer le temps et comment répondre de la bonne manière.

Comment gérer son temps lors de l'épreuve de management ? Le premier conseil que je peux vous donner est d'apprendre les cours par cœur, précisément les chapitres en stratégie/structure mais aussi les chapitres sur le système d'information. Pourquoi ces chapitres ? Pour les épreuves BCE de management (HEC et La Rochelle), **le premier**

dossier concerne toujours la stratégie/structure et c'est normalement la partie la plus longue sur laquelle la majorité des candidats passe 2 h à 2 h 30 en moyenne. Par conséquent, le temps qu'il vous reste ne suffit pas à traiter la totalité des questions des autres dossiers et vous savez exactement ce que vous ressentez lorsqu'il y a des questions dont vous connaissez bien la réponse auxquelles vous n'avez pas le temps de répondre. Pour éviter cela et répondre au maximum de questions, **il faut apprendre par cœur les chapitres sur la stratégie/structure et le système d'information.**

Comment répondre de la bonne manière ? Obtenir une bonne note à l'épreuve de management ne dépend pas seulement du nombre de questions traitées, mais aussi de la manière dont vous présentez la réponse. Avant de répondre à chaque question, il faut penser à quelle notion de cours elle appartient. **Je vous conseille donc de définir le terme présenté dans la question afin d'élargir votre réponse**, en énonçant par exemple les avantages et les inconvénients et/ou en citant des auteurs (précisément dans le premier dossier), etc. Attention toutefois, vous ne devrez pas trop réciter le cours, mais apporter **une réponse qui doit être pertinente et cohérente entre les éléments du cours que vous avez mentionnés et le cas d'entreprise posé.** Il est souvent inutile de montrer que vous connaissez bien votre cours si vous n'avez pas bien compris les annexes, car ce qui permet au correcteur de différencier un candidat d'un autre, ce n'est pas uniquement la connaissance du cours, mais surtout la pertinence des réponses et finalement le dossier financier.

Un petit conseil pour traiter votre dossier financier. Il faut d'abord rappeler que la majorité des étudiants ECT ne traitent pas le dossier financier, donc si vous le traitez, le correcteur va sûrement apprécier ce que vous avez fait. **La clé de la réussite dans ce dossier est l'entraînement aux calculs et aussi la bonne interprétation des résultats trouvés.** Pour vous entraîner en comptabilité, je vous recommande notamment le livre *La Comptabilité* de Georges Sauvageot (Nathan, coll. « Repères pratiques »).

MEHDI
(HEC Paris)

Notes obtenues :
20 (HEC)
20 (ECRICOME)

HEC PARIS

Conseils sur la deuxième année. La deuxième année est très courte et très intense car, durant cette dernière, il faudra finir le programme et en même temps commencer à faire des annales pour se préparer à l'épreuve. En milieu de deuxième année, vous aurez fini le programme et poursuivi l'apprentissage régulier de votre cours afin d'être incollable là-dessus. Cela dépend de la démarche suivie par le professeur mais si vous pouvez isoler une demi-journée pour vous mettre en condition d'épreuve, faites-le car **les épreuves suivent souvent la même structure** (dossier stratégie/structure suivi d'un dossier financier et enfin un dossier marketing/ressources humaines) et cela vous permettra d'avoir une idée sur votre capacité à traiter l'épreuve, et potentiellement de réduire le temps que vous passez à traiter certains dossiers. En effet, le premier dossier prend généralement 1 h 30 ou 2 h à être traité, mais en s'exerçant, cela peut être amélioré.

◎ Conseils sur l'étude de cas d'ECRICOME. L'étude de cas à ECRICOME dure 2 heures et se compose de trois parties. Tout d'abord, il y a une partie sur le cas, une partie « Vrai/Faux » sur l'entreprise du cas et enfin une partie « Vrai/Faux » en général. La première partie ne diffère que peu des questions que vous auriez pu rencontrer en étude de cas pendant les deux années de classe préparatoire. **Le piège dans cette épreuve réside tout d'abord dans la façon de répondre aux questions.** Les questions de la première partie doivent suivre une structure irréprochable, que vous aurez perfectionnée pendant les deux années de Prépa, tandis que les questions « vrai/faux » doivent d'abord débuter par la formulation suivante : « L'affirmation est vraie/fausse/discutable. » Les réponses doivent être appuyées par des exemples ou par des théories, mais n'oubliez pas que ce n'est pas une invitation à l'exhaustivité. Il faut répondre clairement aux questions, argumenter et passer à la question suivante. En effet, les questions à ECRICOME sont généralement plus simples que celles de l'épreuve de management HEC et les étudiants ont souvent tendance à s'attarder et à s'étaler lorsqu'ils sont dans leur zone de confort.

◎ Conseils sur l'étude de cas de HEC. L'étude de cas de HEC est une épreuve d'une durée de 4 heures, mais elle est généralement **difficilement terminable. Il faut rester concentrer durant l'entièreté de l'épreuve et surtout ne pas commencer à stresser.** En effet, lorsque l'on voit que le temps passe et qu'il reste encore beaucoup de questions, on a souvent tendance à stresser et on commence à faire des erreurs. La gestion du temps est primordiale, on ne vous le répétera jamais assez, mais une autre dimension souvent laissée de côté est le fait qu'il faut connaître parfaitement les questions : **il faut savoir identifier quelles sont les questions qui seront le plus pondérées et celles qui le seront moins** ; ainsi, si le temps vient à manquer, vous saurez rapidement quelles questions laisser de côté. Comment savoir quelles sont les questions les plus pondérées ? Ce sont généralement celles qui prennent le plus de temps à être traitées, à l'image du diagnostic stratégique, de la stratégie ou de l'analyse financière. Par exemple, à l'étude de cas de HEC de 2021, il peut paraître évident qu'il est plus pertinent de traiter une question comme « Analyser la stratégie de marketing » qu'une autre comme « Montrer en quoi le recours à une campagne de cofinancement est cohérent avec les valeurs de SCOP-TI ». Ces deux questions se trouvent dans le dernier dossier qui est rarement traité dans son intégralité, il faudra donc faire des choix de questions.

Enfin, pour vous donner un conseil qui n'a pas encore été formulé par mes confrères, gardez en tête que l'examinateur cherche à juger votre connaissance du programme et qu'à cet égard, il ne faut jamais laisser un dossier non traité. En effet, même si l'épreuve est difficilement terminable, il est largement préférable de ne pas traiter une question par dossier plutôt que de ne pas traiter un dossier.

Mes notes

BONUS Les majors des concours se confient

ISABELLE

1re à HEC Paris (concours 2020)
Moyenne de 18,29/20

HEC PARIS

- **ESH :** c'est une matière très dense, qui nécessite **beaucoup de « par cœur »**, donc il me paraît vraiment important de la **travailler régulièrement**. Il faut se discipliner pour bien connaître son cours tout en gardant à l'esprit que les sujets d'ESH sont des **sujets de réflexion**, et essayer de compléter en **lisant la presse**, car illustrer un sujet avec des faits d'actualité est **vraiment un plus sur une copie**. Cela peut aussi être intéressant d'**avoir un manuel** en plus pour avoir d'autres informations et surtout avoir une autre explication s'il y a un point que l'on n'a pas bien compris.

- **Mathématiques : bien connaître son cours** est vraiment **primordial** car il y a beaucoup de propriétés et de définitions à connaître. Il y a toujours des questions de cours, même dans les sujets de Parisiennes, donc ce sont vraiment des **points faciles à gagner**. Sinon, il faut juste faire **beaucoup d'exercices et d'annales** en repérant les questions ou exercices types qui reviennent souvent dans les sujets pour être sûr de bien les maîtriser.

- **Culture générale :** je dirais que c'est la matière pour laquelle on est le plus libre, donc on peut privilégier **les références qui nous parlent le plus**. Si on voit, par exemple, que deux références parlent du même aspect du thème, on peut en choisir une des deux que l'on **travaille vraiment en profondeur** pour avoir des **détails** et des **citations précises**. Essayez aussi de **varier le type de référence** : de la littérature, de la philosophie, de la peinture, de la musique…

- **Langues :** pour les langues, on est un peu obligé de passer par l'**apprentissage du vocabulaire, de la conjugaison et des règles de grammaire**, ce qui n'est pas la partie la plus intéressante mais qui est **nécessaire si l'on veut avoir de bonnes notes en thème et en version**. Concernant la civilisation, je faisais des **fiches par thèmes** qui tombent souvent, comme les femmes, l'environnement, les crises sociales en Amérique latine… avec pour chaque thème les **mots-clés en rapport et deux ou trois exemples bien précis de l'actualité**. Ici aussi, c'est vraiment primordial de suivre l'actualité car plus nos exemples sont récents et bien analysés, plus on se démarque.

Mister Prépa : Isabelle, interview complète
liennathan.fr/q9j32p

Notes obtenues :

Contraction HEC : 20
LV1 ELVi Anglais : 15
LV2 ELVi Espagnol : 13,9
CG EMLYON/HEC : 18
Maths E ESSEC/HEC : 20
Maths 2 E ESSEC : 20
ESH HEC : 19

CARL

1er à l'ESCP
4e à HEC Paris
5e à l'ESSEC
(concours 2020)

HEC PARIS

D'abord, un conseil général, applicable à toutes les matières : il faut **lire les rapports de jury**. C'est quelque chose que je n'aurais pas fait s'il n'y avait pas eu plusieurs mois de révision alors que c'est vraiment formateur. Les rapports de jury sont en effet des **leçons de méthodologie dispensées par les correcteurs** qui livrent leurs attentes concrètes sur chaque épreuve.

- **En mathématiques**, il faut d'abord **connaître son cours le plus possible.** Les théorèmes et les propriétés évidemment, mais aussi les exemples types et les démonstrations, dont le raisonnement peut permettre de répondre à plein de questions ! Ensuite, il faut **s'entraîner régulièrement avec des annales.** Pendant l'épreuve, il faut **bien gérer son temps.** Lorsqu'il restait 45 minutes, j'arrêtais ce que je faisais et j'entourais toutes les questions restantes où je pouvais gagner des points, puis je les faisais en priorité.

- **En géopo**, il y a beaucoup de contenu à maîtriser et il faut **apprendre son cours régulièrement.** Je fichais les cours de la semaine tous les dimanches puis, quand je relisais, j'essayais **d'être actif pour retenir plus efficacement** (stylo en main, réécrire le plan au fur et à mesure, les chiffres, les références…). Lors du concours, il faut soigner **son introduction et sa conclusion**, et vraiment montrer qu'on traite le sujet qui est donné en discutant des termes et de leur éventuelle polysémie. Au niveau du temps, même si cela est frustrant, on n'a généralement pas le temps d'entrer dans tous les détails que l'on s'est donné du mal à apprendre. Il faut **privilégier l'équilibre entre les parties** et rendre une copie avec toutes les grandes idées directrices.

- **En culture générale**, il faut apprendre le cours et le ficher régulièrement. Pour la dissertation, **l'introduction est ici aussi déterminante !** Que le sujet soit une question explicite ou non, il faut le **problématiser et mettre en avant pourquoi la réponse n'est pas évidente**, c'est-à-dire pourquoi les concepteurs ont donné ce sujet-là. Le développement doit s'apparenter à une démonstration et des connecteurs logiques doivent jalonner toutes les parties. J'ai préféré mettre deux références par partie et bien les développer plutôt qu'en mettre trois de façon plus concise.

- **Pour la contraction et la synthèse**, il faut vraiment **faire très attention au temps.** J'ai **mal géré le mien pendant la contraction**, ce qui fait que la fin du texte a été mise à mal sur ma copie.

- **Pour les langues**, j'étais **abonné aux newsletters** du *NY Times* et de *El País*, que je recevais dans ma boîte mail le matin. Ça permet d'**être au point sur ce qu'il se passe** en 5 minutes de lecture. J'apprenais également du **vocabulaire pour mes essais** (des tournures de phrase, des expressions). Les épreuves de langues sont assez cadrées avec quatre « tâches » à compléter en trois ou quatre heures. Il faut donc **faire bien attention au temps !**

Mister Prépa : Carl, interview complète

liennathan.fr/d86s4a

Notes obtenues :

Contraction HEC : 13
Synthèse ESCP : 19
LV1 ELVi Anglais : 17,6
LV2 ELVi Espagnol : 16,35
CG EMLYON/HEC : 20
CG EDHEC/ESSEC : 15
Maths I : 18,9
Maths EMLYON : 20
Maths EDHEC : 20
Maths II : 20
HGG ESCP/HEC : 17
HGG ESSEC : 19

ANTHONY

5e au concours ECRICOME (concours 2019)

EDHEC BUSINESS SCHOOL

- **Premier conseil : ne négligez pas la méthodologie.** C'est un conseil qui m'a beaucoup servi dans la montée de mes notes en économie et en philosophie. Les connaissances sont accessibles à relativement tous les candidats, la différence se joue à la façon dont s'organise la mise en valeur de ces apprentissages. Ma technique était simple, mais je me la rappelais sans cesse : **chaque partie doit avoir un lien direct avec l'autre**, et même les sous-parties entre elles (du type gradation par exemple, première sous-partie : individuel, deuxième : collectif, troisième : mondial).

- **Deuxième conseil : révisez TOUTES les épreuves.** Mon manque de travail dans les maths parisiennes m'a coûté une admissibilité à HEC (que j'ai manqué à 0,5 point) et possiblement une admission, donc ne négligez AUCUNE épreuve.
De même, si vous ne visez pas ECRICOME, entraînez-vous quand même à leurs épreuves qui sont similaires à celles de la BCE, voire parfois meilleures (les thèmes grammaticaux en espagnol m'ont énormément servi).

- **Troisième conseil : sachez alterner repos et travail.** Chose que je n'ai pas toujours su faire, il faut savoir se poser des barrières (j'arrête de travailler ou alors je ne regarde qu'UN SEUL épisode).

Pour finir, gardez en tête que **vos notes de Prépa ne sont que partiellement représentatives du niveau que vous pouvez avoir aux concours.** Je pense notamment à mes notes de contraction et synthèse : je n'ai jamais eu la moyenne en Prépa et me situais dans le bas de ma classe dans cette matière, et aux concours j'ai pu avoir 19 à ECRICOME, 15 en contraction HEC et 18 en synthèse ESCP.

Notes obtenues :

ESH : 18
Contraction : 19
Anglais : 12,25
Espagnol : 20
Culture Générale : 15
Maths : 19,75

Article Mister Prépa : Intégrer HEC après une Prépa A/L

liennathan.fr/c75rf3

Article Mister Prépa : Intégrer HEC après une Prépa ECT

liennathan.fr/673qkv

Articles Mister Prépa : Plus de témoignages inspirants

liennathan.fr/x99p3h

Mes notes

DEUXIÈME ANNÉE

TROISIÈME ANNÉE

Pourquoi cuber ?

Quelles sont les choses à savoir avant de cuber ?

Il est primordial de savoir que la cube n'est pas sans risques, que chaque année, des candidats se retrouvent avec la même École que celle obtenue au bout des deux ans de Prépa. Avant de cuber, il faut donc faire un bilan sur soi-même :
– Avez-vous réellement la motivation de faire une année supplémentaire ?
– Avez-vous les moyens financiers pour un logement, les frais de vie, les frais de concours, le tour de France ou les frais de scolarité (cas des Prépas payantes) ?
– Êtes-vous solide mentalement et physiquement pour une année supplémentaire ?
– Avez-vous encore une marge de progression ?
– Pouvez-vous capitaliser sur vos points forts tout en résorbant vos lacunes sur vos points faibles ?
– Quel contexte vous serait le plus favorable pour une cube ?
– Au vu de vos résultats, est-ce risqué ou rentable ?

N'hésitez pas à demander à vos professeurs, ce sont souvent ceux qui vous connaissent le mieux et qui seront les plus qualifiés pour vous conseiller.

Cuber, c'est aussi savoir se fixer un objectif : essayer de viser une ou deux Écoles à décrocher en particulier. L'année de cube peut être éprouvante sur le plan psychologique, lorsqu'on voit ses anciens camarades « s'éclater » en École, il faut donc bien s'entourer et surtout **s'accorder des moments de repos** qui vous permettront de travailler plus efficacement encore, car oui, il ne faut pas culpabiliser, vous aurez l'avantage de mieux connaître la route vers les concours pour l'avoir déjà parcourue.

Y a-t-il un profil spécifique pour cuber ?

Comme déjà dit plus haut, l'année de cube peut constituer un risque car il faut savoir définir les matières où l'on a un axe de progression. Il est souvent bien plus facile pour un étudiant de progresser en mathématiques qu'en langues, où les bases comptent beaucoup. Toutefois, il n'y a pas de vérité générale, il est possible de progresser dans toutes les matières en adoptant les bonnes méthodes de travail. Outre l'aspect académique, l'aspect psychologique est tout aussi important : l'année de cube est une année de sacrifices qui peut être dure mentalement, donc si vous êtes de nature stressée, pas sûr que cette année de cube soit une bonne idée. Enfin, avant de cuber, il faut savoir ce qui vous correspond le mieux : changer de Prépa ou, au contraire, rester dans votre zone de confort, avoir une classe de cubes ou pas…

Cuber dans quelle Prépa ?

Il y a globalement trois cas de figure :

• Cuber dans une Prépa spécifique avec une classe de cubes

« Pour cuber, je pense sincèrement que le mieux n'est pas de conserver sa zone de confort (j'ai, pour ma part, fait ma première coloc à 400 km de chez moi) mais de choisir la Prépa qui nous permettra au mieux de réussir dans les matières qui nous ont déçus. » (Antoine, ESSEC)

• Cuber dans une Prépa différente

« Pour ma part, j'ai cubé pour deux raisons principales. Premièrement, une grande frustration à l'issue des écrits, en ratant les admissibilités de HEC et de l'ESSEC de peu. Deuxièmement, j'ai analysé mon profil, très solide en mathématiques et en économie (deux matières assez fiables), avec des perspectives d'amélioration en culture générale et en anglais, et j'ai jugé qu'il présentait peu de risques aux concours. Ensuite, j'ai changé de Prépa en cube pour **accéder à une classe plus stimulante, apprendre de nouvelles méthodes** avec un corps enseignant différent et changer d'air. » (Cheick, HEC Paris)

• Cuber au sein de son établissement

« En deuxième année, je travaillais énormément, mais l'erreur que j'ai faite, c'est de surtout bosser la CG et l'ESH, mes points forts, au détriment des langues et des maths, que j'ai travaillées trop tard. Aux concours, je suis tombé sur des thèmes que je ne maîtrisais pas à 100 %, j'avais donc un peu de regrets. À l'issue des concours, je n'étais admissible que jusqu'au TOP 8 (SKEMA, NEOMA, TBS...), mais je sentais que j'avais encore de la marge, j'ai donc décidé de cuber dans ma Prépa pour des raisons logistiques, financières et car je connaissais déjà bien mes profs. Ils m'ont bien orienté pour travailler mes points faibles et me donnaient des sujets en plus. Je trouve que lorsque les profs nous connaissent déjà, on progresse plus facilement car ils ciblent plus facilement nos axes de progression. » (Youssef, ESCP)

Méthodologie générale

Julien B.

Bienvenue en cube ! Félicitations pour avoir fait ce choix qui s'avère peu évident. Mais si vous l'avez fait, c'est que vous n'êtes pas satisfait(e) de vos résultats et donc que **vous cubez pour vous améliorer**, c'est donc un mal pour un bien. Il est difficile de voir ses amis intégrer une École cette année et pas vous, de les quitter et de rencontrer de nouvelles personnes. Mais **dites-vous qu'un an, à l'échelle d'une vie, c'est peu** et que cette année, soit vous les rejoignez, soit vous aurez une meilleure École : cela ne tient qu'à vous. D'autant plus que la cube est moins intense que la carré et que vous avez un avantage non négligeable : **vous connaissez déjà les concours**. Donc, sans transition, place aux conseils pour réussir sa cube.

Comment travailler en fonction de sa classe ?

Si vous êtes dans une classe de cubes, tant mieux. Vous pouvez faire confiance à vos professeurs puisqu'ils savent ce qu'ils font et ce qu'il faut faire dans votre cas. Ces derniers adapteront leurs cours au niveau de la classe et vous irez plus rapidement et plus en profondeur dans les bas-fonds du programme. Toutefois, **n'oubliez pas l'inoubliable**, à savoir la base du cours depuis le programme de première année dans vos matières principales (ESH pour les ECE, HGG pour les ECS, mana et éco-droit pour les ECT) et surtout les mathématiques. Ainsi, ne sautez pas trop d'étapes. Vous êtes en cube mais n'oubliez pas d'être méthodique.

Si vous cubez dans une classe de carrés, ce n'est pas grave. Vous allez justement pouvoir mieux revoir les points qui étaient flous ou obscurs lors de votre deuxième année. N'hésitez pas à aller voir vos professeurs pour qu'ils puissent, quand c'est possible, adapter leurs cours à vous ou bien que vous puissiez vous émanciper. Les deuxième année vous mettront sur un piédestal et, sans se mentir, ça fait du bien à l'ego. Ils vous poseront des questions et ce sera notamment le moment pour vous de faire un point sur des questions techniques (suis-je capable de lui expliquer clairement tel point ? Si oui, tant mieux, je maîtrise ce point, si non, je dois revoir mon cours). **Mais attention, il ne faut absolument pas se reposer sur ses acquis.**

En cube et toujours pas de méthode ?

Je répète ici ce que j'écrivais pour la deuxième année : vous devez normalement déjà avoir vos méthodes de travail (travailler seul, à plusieurs, chez vous, dans votre Prépa). Si les vôtres vous permettent d'être productif(-tive) (c'est-à-dire de travailler plusieurs heures sans regarder toutes les cinq minutes son téléphone, ne pas se faire déranger par des proches, ne pas dormir sur son bureau), **gardez-les cette année**. Si vous n'avez pas encore vos méthodes (c'est inquiétant en cube !) ou qu'elles n'ont pas porté leurs fruits selon vous, essayez de nouvelles méthodes de travail en début d'année pour trouver celles qui vous conviennent. Même si vous avez techniquement plus de temps que les carrés pour vous préparer, ne gâchez pas votre temps. **L'année passe très vite.**

Que travailler en cube ?

Cette année, attardez-vous particulièrement sur vos matières faibles de deuxième année. **Vous ne pouvez pas vous permettre de recevoir une mauvaise note au concours sous peine de vous voir fermer les meilleures Écoles** (surtout celles du Top 5 et du Top 3), certains l'ont sûrement malheureusement expérimenté cette année à leurs dépens. Vous savez bien où vous péchez, donc travaillez ces matières. Sept mois, ça vous laisse largement le temps de devenir bon(ne) dans celles-ci, ou en tout cas bon(ne) pour le concours, et c'est finalement ce qui compte. En parallèle, continuez évidemment de travailler les matières principales de votre filière, sans négliger toutefois la culture générale, qui peut vous sauver au concours de par son côté assez aléatoire.

S'avancer (dans les cours) pour ne pas reculer (en notes)

Vos deux atouts principaux de cube sont que **vous avez normalement terminé le programme l'an passé et vous connaissez déjà les concours**. Connaître déjà les concours vous enlèvera de la pression pour cette année, mais attention à ne pas trop en retirer non plus. Avoir terminé le programme doit vous servir pour deux tâches. Premièrement, revenir sur des points plus obscurs que vous n'avez pas eu le temps de bien travailler/comprendre l'an dernier. **Vous êtes peut-être passé(e) à côté d'un chapitre ou bien vous le maîtrisez mal**, c'est le moment de vous y attarder. Vous n'êtes pas obligé(e) de le traiter immédiatement, mais **parvenez à cibler les chapitres où vous avez des difficultés et éliminez-les le plus tôt possible.** Secondement, votre année de cube doit être mise à profit pour approfondir : une fois que vous maîtrisez un chapitre dans une matière (notamment en HGG ou ESH), allez plus loin que votre cours et trouvez de nouvelles accroches, faits, chiffres qui apporteront une réelle plus-value. **Ne vous perdez pas, bien sûr, dans une accumulation inutile.** Le programme est fait d'une certaine manière et des faits d'actualité ou des faits historiques sont parfois moins bien vus par les correcteurs que ce qu'on aurait pu penser.

Quel état d'esprit adopter en cube ?

Il ne faut pas vous laisser avoir par le fait que vous êtes cube et que vous avez déjà fait le programme. C'est normalement votre dernière année, autrement dit, votre dernière chance de tout exploser aux concours. **Soyez méthodique, particulièrement cette année. Ce n'est pas parce que vous être un(e) cube que vos notes vont mécaniquement augmenter : ce raisonnement est faux.** Ne partez pas du principe que vos bonnes notes de carré(e) sont acquises car la descente risquerait d'être rude. Ne pensez pas non plus qu'on gagne forcément des Écoles. Malheureusement, il y a de nombreux exemples à l'appui chaque année et il est possible d'intégrer la même École qu'en carré, voire pire.

Tout ce qu'il faut savoir est que rien n'est joué. Si vous avez eu des notes moyennes aux concours, voire de mauvaises notes, j'ai presque envie de dire tant mieux, puisque vous aurez la hargne pour votre cube de faire mieux ! Vous êtes dans la position de challenger. **Si vous avez fait le choix de cuber, c'est pour vous donner à 200 % cette année ! Sincèrement, ne vous reposez pas sur vos acquis. Même si vous êtes bon(ne) dans une matière, travaillez-la sérieusement, surtout cette année, et tout se passera bien !**

Maths

MARVIN
(ESSEC BS – ECS / Maths approfondies)

Notes obtenues :
20 (EMLYON)
20 (EDHEC)
20 (ECRICOME)
17,8 (MATHS I)
16,8 (MATHS II)

ESSEC BUSINESS SCHOOL

La rentrée de cube est très différente des précédentes. En effet, vous sortez de concours éprouvants, vous n'avez pas réussi à avoir « l'École de vos rêves » et surtout, vous sortez d'un mois, voire deux de vacances pendant lesquels le travail n'a pas été votre préoccupation, et c'est normal. **Vous avez eu besoin de vous reposer, mais maintenant, il faut reprendre un rythme de travail assidu**, surtout en mathématiques, matière clé pour la réussite des concours en classe préparatoire, peu importe la filière. Normalement, dès les premiers cours de la rentrée, les professeurs font quelques rappels en analyse, algèbre et probabilités. Vous avez besoin de ces rappels, mais vous devez aussi prendre de l'avance. Il faut que vous maîtrisiez le plus rapidement possible votre cours **par cœur**, pas seulement les théorèmes fondamentaux ni les définitions, mais aussi les démonstrations importantes du cours, celles qui reviennent le plus souvent dans les annales des concours. **Pour cela, je vous conseille de faire des oraux de HEC dont la correction est disponible en ligne ou dans des livres, parce qu'ils commencent tous par une question de cours.**

Alors, pour la **préparation en mathématiques pour un cube**, je conseille :
– **de prendre de l'avance sur les exercices :** quand votre professeur de mathématiques vous donne une feuille d'exercices, vous n'allez pas faire les exercices petit à petit comme en carré, mais vous allez les faire d'une traite, pour vous consacrer à d'autres exercices ensuite. Il faut faire énormément d'exercices de tous types et avec une difficulté variable ;
– **de faire des oraux :** les oraux d'ESCP sont généralement plus abordables que ceux de HEC. Ils sont disponibles en ligne. Faire des oraux, c'est voir des techniques utiles pour les concours. En effet, il ne faut pas oublier que, généralement, les annales traitent de sujets d'oraux ;
– **de faire des annales toutes les semaines :** je pense que faire deux annales par semaine est une bonne chose. Vous faites chaque semaine une annale de type ECRICOME, EML ou EDHEC et une autre annale de type Maths I, Maths II, voire des annales plus anciennes, en faisant celles de l'ESSEC ou de l'ESCP. Ne sous-estimez pas les annales ECRICOME, qui sont assez complexes et constituent de fait un véritable entraînement pour les épreuves les plus difficiles.

Après tous ces conseils, je vous souhaite bon courage dans votre réussite. Bien sûr, il faut faire des exercices en fonction des Écoles que vous visez, mais je pars du principe que « qui peut le plus peut le moins ». **Surtout, n'oubliez jamais que c'est un concours. Il ne faut pas faire toutes les questions mais juste être meilleur que les autres à un instant T.**

YOVAN
(EDHEC – ECE / Maths appliquées)

Notes obtenues :
20 (ECRICOME)
20 (EML)
20 (EDHEC)
16,2 (MATHS I)
18,5 (MATHS II)

EDHEC BUSINESS SCHOOL

Lorsqu'on arrive en Prépa pour sa troisième année, il faut établir une stratégie dans chaque matière. Il faut revoir ses points forts et ses points faibles, et savoir les améliorer de manière stratégique. En effet, lorsque je suis arrivé en septembre, **j'ai défini des objectifs** pour les maths avec mon professeur de mathématiques. Je me suis dit qu'il fallait 20 partout, sauf peut-être en maths parisiennes.

Après, je profitais des exercices faits en classe, des colles et des DS pour travailler les sujets ECRICOME, EML et EDHEC, et, j'effectuais en parallèle des exercices de maths parisiennes. Je m'en sortais vraiment pas mal au cours de l'année, et j'arrivais à travailler tous les types de sujets.

Le plus dur, je pense, a été la période juste avant les concours, les quelques semaines que nous laissent les professeurs pour « réviser ». J'ai essayé de **me définir un programme bien précis** : un sujet de maths par jour au moins ! Tous les matins, je faisais un sujet : j'alternais entre sujets EDHEC, EML, ECRICOME, MATHS I et MATHS II. Sur la fin, j'essayais même d'en faire deux en une matinée.

Voici quelques conseils que je peux donner pour réussir :

• Il faut garder un **rythme régulier**, les deux mois de vacances ont souvent causé beaucoup de dégâts sur vos connaissances en maths, il faut les rattraper. Du coup, il faut bien revoir les cours : les théorèmes, démonstrations et leçons sont essentiels pour réussir en maths !

• Il faut essayer de **travailler les sujets suivants vos objectifs** : même si votre professeur ne prépare que pour certaines Écoles (je n'ai jamais eu de DS de MATHS II en classe Prépa), il ne faut pas relâcher, et travailler de votre côté. Par exemple, je faisais toutes les semaines un sujet de MATHS II, et je prenais une heure avec mon professeur pour le corriger. Donc, essayez, même si vous n'y arrivez pas !

• **Il ne faut pas abandonner :** les premiers DS et colles de maths sont les plus difficiles, car il faut se remettre dans le bain. Donc, il faut vous relever, et même si dans la classe (j'étais dans une classe avec des carrés), il y a d'autres élèves qui ont des notes plus élevées, il ne faut pas vous en vouloir : un mois avant, vous étiez peut-être à la plage, alors qu'eux travaillaient.

Alors, si vous cubez, bon courage à vous ! Ne lâchez rien, la troisième année est encore plus courte, car vous savez ce qui vous attend et vous allez être moins *chill* qu'en deuxième année.

AURIANE
(EDHEC – ECS / Maths approfondies)

Notes obtenues :
18,7 (EMLYON)
19,6 (EDHEC)
19,7 (ECRICOME)

EDHEC BUSINESS SCHOOL

Comment j'ai quasi doublé mes notes en cube

Le retour en prépa est rarement une partie de plaisir et pourtant, il est plutôt excitant ! C'est une seconde chance, vous pouvez à nouveau rêver d'intégrer une des meilleures Écoles de France (et si vous pouvez le rêver, vous pouvez le faire) !

La matière la plus rentable en cube est à coup sûr les mathématiques ! Le pari n'est pas risqué, c'est le plus gros coefficient aux concours et rares sont les surprises le jour J. Pour ma part, j'avais eu à peine la moyenne en carré et j'ai réussi à quasiment doubler mes notes en cube. Sachez que **si vous connaissez votre cours et que vous vous êtes bien entraîné(e) toute l'année sur des exercices classiques, vous pouvez facilement viser une note supérieure à 16.**

Le plus efficace en cube est de travailler à fond son cours, et en particulier les **démonstrations** ! Vous pouvez être sûr(e) d'avoir à en rédiger telles quelles le jour du concours, que ce soit pour ECRICOME, EDHEC, EM ou encore les Parisiennes ! De plus, les démonstrations vous donnent des méthodes pour ensuite résoudre d'autres exercices.

Je vous conseille **de reprendre votre cours chaque soir en rentrant et de faire deux fiches** : la première avec uniquement les théorèmes / définitions / propriétés et la seconde avec toutes les démonstrations. Dans un second temps, reprenez le cours de la veille ou de la semaine passée et vérifiez que **vous êtes capable de rédiger par cœur les démonstrations de chacun des théorèmes.** Je passais en moyenne une heure par jour à apprendre mon cours en troisième année : rien ne sert de vous lancer sur des annales si vous n'êtes pas capable de démontrer les résultats du cours.

Pendant le cours, au lieu de reprendre l'intégralité du chapitre, **amenez vos notes de l'an passé et lisez-les, annotez-les, complétez-les** ; ce que dit votre professeur est parfois encore plus important que ce qu'il écrit au tableau, profitez de votre avance pour ne pas manquer une goutte de son discours.

Pour ce qui est des exercices, **maîtrisez d'abord tous les classiques** (intégrales de Wallis, polynômes de Lagrange…) puis entraînez-vous sur des sujets MATHS II : c'est un super moyen de réviser son cours (premières questions) et de l'approfondir (suite des questions). C'est seulement une fois que vous serez parfaitement à l'aise que vous pourrez vous lancer sur des sujets MATHS I ; le faire avant serait une perte de temps et de motivation.

N'hésitez pas à passer beaucoup de temps sur une annale (6 à 7 h). J'ai, pour ma part, toujours **privilégié la qualité à la quantité** ! Oui, il faut être rapide le jour du concours, mais vous avez les DS pour vous entraîner. Chez vous, essayez de passer au crible chacune des questions qui vous pose problème.

Un dernier conseil : **ayez confiance en vous, c'est en tombant qu'on apprend.**

JULIEN G.
(ESSEC – ECE / Maths appliquées)

Notes obtenues :
20 (EMLYON, EDHEC BS, ECRICOME)
18,6 (ESSEC II)
16,4 (HEC I)

En cube, **les maths sont certainement la matière la plus importante** : non seulement les coefficients sont élevés, mais c'est une matière que l'on pourrait qualifier de « juste » aux concours. C'est-à-dire que, statistiquement, les notes obtenues en maths aux concours correspondent, la plupart du temps, au niveau de l'élève : une mauvaise surprise est très rare dans cette matière ! On ne le répétera donc jamais assez : en cube particulièrement, il est essentiel d'être très bon en maths. Pour cela, deux situations peuvent être distinguées.

Cuber, à cause des maths

Souvent, on a l'impression qu'il y a d'un côté les matheux, pour qui les maths sont faciles, et de l'autre les non-matheux, qui ont beau travailler mais n'y arrivent pas. Pas d'inquiétude, si certains ont certes des prédispositions, cette catégorisation matheux / non-matheux a très peu de fondements. En effet, **il n'est pas rare qu'un élève double, triple, voire quadruple ses notes en maths entre la carré et la cube**. Alors, pour tous ceux qui se considèrent non-matheux, laissez-moi vous énoncer des conseils tirés de mon expérience afin de sortir de ce cercle vicieux et d'atteindre des bonnes notes (au-dessus de 14) aux épreuves EDHEC, EMLYON, ECRICOME (qui sont plus abordables).

D'abord, il s'agit d'apprendre mais surtout de **comprendre son cours**. Pour ce faire, il est primordial de refaire les exemples vus en cours. Ces derniers vous aident en effet à donner un sens à vos cours, à comprendre pour quel type de questions les différentes méthodes ou formules vous serviront.

Mais pour progresser, la compréhension de son cours est une condition nécessaire mais non suffisante. Vos progrès ne viendront que par l'entraînement. Pour cela, inutile de se perdre dans les milliers d'exercices et de questions possibles en Prépa. Il faut **maîtriser parfaitement les questions basiques, qui reviennent souvent dans les sujets** (c'est le plus important pour avoir de bonnes notes aux épreuves EDHEC, EMLYON, ECRICOME). Mais comment faire ? Pour cela, pas de recette miracle, le schéma d'entraînement sera le même. Lorsque vous faites un exercice, évaluez votre maîtrise de chaque question. Si vous réussissez à répondre parfaitement à la question, vous pouvez passer à la suivante. Sinon, il faut non seulement regarder la correction et essayer de comprendre votre erreur, mais aussi **faire et refaire des questions similaires** (voire la même) **jusqu'à y arriver parfaitement**, ce que trop d'élèves oublient de faire. Attention, faire une question parfaitement, c'est trouver le bon résultat, mais aussi et surtout adopter une rédaction parfaite. **Votre rédaction**, parfois répétitive, montre au correcteur votre réflexion, et donc **vaut autant de points, voire plus, que votre réponse**.

Une fois que vous maîtrisez les questions « basiques », le plus dur est fait, vous n'êtes plus un(e) « non-matheux(-theuse) », vous pouvez viser plus haut et réussir grâce aux maths.

Cuber, grâce aux maths

Maintenant, beaucoup de personnes cubent avec le profil « matheux ». Et pour ces personnes-là (et celles qui ont réussi à remplir l'objectif du précédent paragraphe), reste encore à s'assurer le 20 en maths EDHEC, EMLYON et ECRICOME, et des notes supérieures à 15 en maths parisiennes (le 20 est moins « sûr » étant donné qu'il dépend beaucoup plus de la réussite des autres élèves sur le sujet).

◎ **Apprendre son cours par cœur.** C'est mon premier conseil : cette fois-ci, il ne s'agit pas juste de comprendre son cours dans sa globalité, il faut tout connaître : les formules, les hypothèses, les définitions... En effet, pour traiter les questions difficiles (auxquelles vous n'avez pas l'habitude de répondre), votre cours sera le support sur lequel vous appuierez votre réflexion. Concrètement, il n'est pas rare de se « débloquer » en maths parisiennes en **repérant des similitudes entre l'énoncé et une partie du cours.** De plus, en maths parisiennes encore une fois, les exercices ou problèmes débutent souvent sur des questions de définition. Or, il ne faut absolument pas passer à côté car, en Parisiennes, le sujet risque souvent d'être intraitable dans sa totalité et donc se jouer en grande partie sur ces questions de cours. Aussi, cette connaissance parfaite du cours vous sera très utile dans votre rédaction : pour les maths parisiennes, la différence se fait souvent entre ceux qui oublient des hypothèses dans leurs justifications et ceux qui adoptent une **rédaction parfaite.** D'expérience, mieux vaut rédiger parfaitement cinq questions que partiellement dix questions.

◎ **Gérer son temps.** C'est mon deuxième conseil car les sujets de maths en Prépa sont très longs, et rares sont ceux qui parviennent à les terminer. Mais heureusement, le 20 est atteignable sans avoir fait tout le sujet : environ 75 % suffisent en maths EDHEC, EMLYON et ECRICOME, et 50 à 70 % selon les années en maths parisiennes. Par conséquent, la majeure difficulté de ces sujets reste de gérer son temps afin de faire toutes les questions que l'on sait faire. Rien de plus frustrant que de sortir d'une épreuve de MATHS I HEC en sachant qu'on n'a pas eu le temps de faire des questions « faisables ». Cette gestion du temps passe, d'une part, par un entraînement. Je vous conseille de **vous chronométrer lorsque vous faites des annales**, en essayant de respecter des objectifs de temps (45 minutes environ pour un exercice EDHEC). D'autre part, lorsque vous êtes en DS, je vous conseille de **ne pas passer plus de 5 minutes bloqué(e) sur une question** ; il vaut mieux passer la question et y revenir plus tard (il faut tout faire pour éviter la frustration que j'ai évoquée). **Au bout des 4 heures, vous devez absolument avoir réfléchi à chaque question.**

◎ **Maîtriser d'abord les sujets classiques.** Enfin, **inutile de faire 50 sujets de maths parisiennes si vous n'avez pas 20 en maths EDHEC, EMLYON et ECRICOME.** La corrélation entre votre niveau en maths parisiennes et celui dans les autres maths est bien plus forte que ce qu'on pense. Alors, cherchez d'abord à maîtriser parfaitement les sujets classiques plutôt que les sujets originaux des Parisiennes, ce sera bien plus rentable. Une fois que vous vous sentez prêt(e), vous pouvez passer aux annales parisiennes, en gardant en tête que les sujets sont très différents d'une année à l'autre. Donc, **ne passez pas trop de temps sur des questions, des rédactions spécifiques qui ne retomberont**

pas : entraînez-vous seulement à réfléchir sur des problèmes complexes, tout en gérant votre temps.

Derniers conseils. Pour finir, il ne faut pas oublier que les correcteurs accordent une part significative du barème au **soin de votre copie** et à votre **honnêteté intellectuelle.** Concrètement, le correcteur n'a que très peu de temps pour corriger votre copie. Il y a donc pas mal de chances pour qu'il **jauge votre niveau et votre sérieux en début de copie** (début qu'il faut absolument soigner) et qu'il aille un peu plus vite sur le reste. Or, s'il vous fait confiance (qu'il voit que vous n'écrivez que ce dont vous êtes sûr(e)), la correction qui suivra sera plus clémente.

Mes notes

....

....

....

....

....

....

....

....

....

....

....

....

....

....

....

....

....

ESH

JULIEN B.
(ESCP BS)

Notes obtenues :
18 (HEC)
16 (ESCP/SKEMA)

ESCP BUSINESS SCHOOL

Cette année est particulière en ESH. Ce n'est pas une année où vous apprendrez beaucoup de nouvelles choses dans le programme. Ce doit vraiment être l'année où vous arrivez aux concours et où il faut qu'il n'y ait aucun problème pour vous sur tous les types de sujets (un sujet technique comme l'ESSEC, plus historique à HEC ou plus général comme à l'ESCP).

Procédons à quelques rappels pour bien commencer l'année

Le cours, c'est du « par cœur ». Il est impossible de faire une dissertation d'ESH sans connaître son cours, vous ne pouvez pas tromper le correcteur avec votre réflexion et avoir une note élevée… Dans chaque chapitre, il y a des **auteurs phares** (par exemple, Smith sur la division du travail, Keynes et les classiques sur l'emploi, Harrod et Domar sur la croissance). Vous devez **connaître les théories des auteurs (classiques, néoclassiques, keynésiens, marxistes…) sur le bout des doigts**.

Une dissertation d'ESH doit comprendre votre réflexion sur le sujet, des auteurs, des chiffres, des faits historiques (il y a H dans ESH). Vous devez expliciter la pensée des auteurs, ne pas juste mettre leur nom et leur théorie, mais expliquer cette théorie, sans vous perdre dans les détails, c'est là où réside toute la difficulté, vous devez donc trouver le juste milieu entre le trop et le pas assez.

Ne négligez rien. Beaucoup trop de préparationnaires négligent la **sociologie**. Vous l'aurez compris, c'est une grossière erreur (il y a S dans ESH…). Vous êtes en cube, alors **prenez le temps de travailler tous les pans du programme, et donc la socio**. De plus, si ça ne vous servira pas trop à l'écrit (et encore, il faut clairement en mettre dès que le sujet s'y prête), ça vous servira à l'oral si vous êtes admissible à une Parisienne.

Travaillez la micro/macro. *Idem* que la socio : vous êtes en cube, donc vous devez maîtriser tous les aspects du programme.

Apprenez vos graphiques ! Un graphique, vous l'apprenez d'abord, vous le comprenez, vous apprenez ensuite les phrases qui l'expliquent puis vous prenez une feuille blanche et vous le refaites jusqu'à le connaître par cœur et le maîtriser.

Ce qui fait la différence. S'entraîner sur des sujets est mon conseil, sans doute le plus important, que ce soit en ESH ou CG. Vous ne pouvez pas seulement apprendre votre cours et des références puis avoir des bonnes notes. C'est l'application de votre cours et la méthode qui vous font avoir de bonnes notes. Je m'entraînais donc une fois toutes les deux semaines sur un sujet (prenez des sujets d'ESH oraux, par exemple). Je vous conseille de **rédiger une introduction et un plan détaillé (les deux au brouillon) en 1 h 20 à 1 h 30 maximum**, ce qui vous laisse du temps pour rédiger ensuite votre dissertation. Ensuite, je les rendais à mon prof dès que je pouvais et il me les corrigeait.

Si l'ESH est votre matière forte et que vous avez eu des bonnes notes aux concours en deuxième année, vous ne devez pas perdre cette force. Continuez de travailler cette matière puisque c'est un des plus gros coefficients.

Si l'ESH est votre matière faible, vous devez absolument arriver à combler ce vide. Trop difficile d'avoir un top 5/top 3 avec une mauvaise note en éco, donc cette année, vous savez ce que vous devez travailler.

Revoyez dès que vous pouvez le programme de première année en ESH, c'est-à-dire le plus tôt possible, et je dirais maximum en janvier/février, pour être large. Plus tôt vous le revoyez, plus tôt vous retrouverez la **vision globale** du programme que vous aviez avant les concours cette année. C'est cette vision globale qui permet de mieux appréhender les sujets, et donc de mieux les traiter.

Je vais vous donner un des conseils qui m'a le plus servi pour les concours : **lisez des rapports de jury**. Les rapports de jury sont un résumé de ce qui était attendu pour l'épreuve, ce qui a plu/déplu à la majorité des correcteurs, et donnent des indications pour les années suivantes.

Et enfin, lisez des bonnes copies. Comme les rapports de jury, les bonnes copies vous montrent ce qui a fonctionné pour le candidat aux concours et comment il l'a fait. Les rapports comme ces copies doivent permettre de vous inspirer. Personnellement, je lisais régulièrement des bonnes copies et des rapports (par exemple, avant les DST pour cibler ce qui était attendu et beaucoup avant mes concours).

Pour ces deux derniers points, Mister Prépa recense l'ensemble des éléments sur son site web.

Articles Mister Prépa : Bonnes copies
liennathan.fr/2kw5i4

Articles Mister Prépa : Rapports de jury
liennathan.fr/84j4mc

DORIAN F.
(EMLYON BS)

Notes obtenues en 3e année :
18 (ESCP/SKEMA)
19,5 (ECRICOME)
15 (ESSEC/EDHEC)

em lyon business school

Mes conseils vont s'adresser principalement aux personnes qui cubent en ayant eu des mauvaises notes aux concours en ESH malgré un travail plutôt conséquent. En effet, pour ma part, après une deuxième année à apprendre intensément le cours et avaler les différents concepts économiques que le programme nous réserve, mes notes m'avaient paru assez faibles et, loin d'être une contreperformance, elles reflétaient plutôt bien les notes que j'avais eues au cours de l'année (moyennes, voire mauvaises). C'est pourquoi, lors de ma troisième année, **j'ai radicalement changé ma manière de travailler** et, lors de mon début d'année, ce travail s'est **surtout porté sur la méthodologie** de la dissertation, et plus précisément de la dissertation d'ESH. Ensuite, il est extrêmement important de ne pas travailler l'ESH de la même manière tout le temps et de se détacher du cours en **diversifiant ses sources** pour avoir une vue d'ensemble.

Premier conseil : bosser la méthodologie. Ce point est aussi important, voire plus important que le contenu. En effet, l'ESH est une matière assez frustrante car elle demande énormément d'heures de travail ; or, parfois les résultats se font attendre, voire n'arrivent pas. Néanmoins, dès lors que l'on travaille correctement et que l'on comprend ce que l'on apprend, la réponse à ce problème est simplement une **erreur de méthodologie**. Je vais donc décomposer en deux conseils la méthodologie que j'ai suivie lors de ma troisième année et que j'ai appliquée lors de mes concours. Premièrement, il est important pour votre dissertation que celle-ci soit parfaitement structurée et vous ne devez jamais vous éloigner du sujet. **Je vous conseille de reprendre l'ensemble des termes du sujet lorsque vous annoncez le plan, les parties et les accroches de partie.** Deuxièmement, je vous conseille la **technique AEI (Affirmation, Explication, Illustration)**. C'est la technique que j'utilisais pour l'ensemble de mes parties en ESH : une grande phrase dans laquelle vous répondez au sujet (5 à 6 lignes), ensuite une partie où vous expliquez ce que vous venez d'affirmer (auteur, théorie, environ 10 à 15 lignes) et ensuite la partie qui, selon moi, vous fait passer de 13 ou 14 à 20, celle où vous illustrez vos propos. C'est dans cette partie que vous devez bluffer votre correcteur **en apportant des chiffres, des données, des exemples concrets et précis** (environ 10 lignes).

Deuxième conseil : votre méthode de travail. Soyez curieux(-ieuse) et approfondissez votre cours. Cela vous permettra d'être davantage pertinent(e) dans vos copies (graphiques, auteurs, mais surtout des chiffres, car ce sont eux qui confirmeront vos propos, tout comme les auteurs). De plus, lorsque vous arrivez en troisième année, vous connaissez déjà énormément de choses en ESH. Le tout maintenant est de déclencher des automatismes et pour cela, il est très important de sortir du cours et de lire la presse économique ou de regarder des vidéos qui ne parleront pas d'un sujet précis, certes, mais vous permettront de revoir plusieurs concepts à la fois, et vous aideront à structurer votre pensée et à **avoir une vue d'ensemble**, car cela vous rappellera plusieurs notions à la fois.

Le petit bonus

Les conseils de Mister Prépa pour exceller et avoir 20/20 en ESH !

En cube, il est très important de **ne négliger aucun chapitre en ESH**, bien que certains aient plus d'importance que d'autres.

Ici, nous allons insister sur l'importance de ce que la copie doit avoir sur le fond en ESH. Voici les six points essentiels que vous devez avoir dans vos fiches au moment des révisions et dans votre tête le jour de l'épreuve pour cartonner :

- Montrez au correcteur que vous êtes incollable sur l'**actualité économique** ; cela ne veut pas dire qu'il faut lire toute la presse économique, mais qu'il faut être au courant de ce qui se passe. Nous vous conseillons, par exemple, de lire « L'actualité en bref » sur le site de Mister Prépa, qui synthétise l'essentiel à connaître pour les Prépas.
- **La perspective historique** est essentielle car, comme vous pourrez le constater, la majorité des sujets contiennent cet aspect (ECRICOME 2019 : « Protection sociale et croissance économique depuis le XIXe siècle » / HEC 2018 : « En vous plaçant dans une perspective historique (depuis le XIXe siècle)… »).
- Pour **illustrer vos propos**, il est très utile d'avoir des **exemples** basés sur des **faits d'actualité et historiques**, mais aussi sur des chiffres.
- Une copie d'ESH ne serait rien sans **des auteurs, des concepts et des théories économiques**. C'est pourquoi il est très important de maîtriser des auteurs de différentes Écoles, périodes et pays pour avoir une vision holistique ainsi qu'une bonne problématisation *via* une opposition de différentes thèses.
- Le visuel peut être assuré grâce à **des graphiques et des relations mathématiques**. Les correcteurs apprécient toujours ce genre de chose et cela permet surtout d'avoir une **copie élégante**. Donc, entraînez-vous à les inclure lors de votre conception de fiche. Un graphique ne tombe cependant pas du ciel. Sachez donc maîtriser une explication de chacun de vos graphiques en deux ou trois lignes environ !
- Bien que la sociologie et la microéconomie soient trop souvent négligées, elles font partie intégrante du programme. Insérer une séquence technique de micro épatera votre correcteur à coup sûr ; en ce sens, n'hésitez pas (mais sans excès).

Mister Prépa :
L'actualité en bref
liennathan.fr/q82nw6

Mes notes

Géopolitique (HGGMC)

JULIEN V.
(HEC Paris)

Notes obtenues :
18 (ESCP)
18 (ESSEC)
16 (GEM)
18,5 (ECRICOME)

HEC PARIS

Pour beaucoup d'élèves choisissant de retenter leur chance une année de plus après des résultats décevants aux concours, la cube demeure la source de nombreuses interrogations. Comment travailler ? À quel rythme ? J'ai été dans cette situation et je sais que beaucoup demeurent démunis et ne connaissent pas les réponses à ces questions. Voici donc mes conseils pour une cube réussie en HGGMC !

◎ **Ne perdez pas le rythme et continuez à travailler efficacement, quelle que soit votre situation.** Vous aurez peut-être la chance d'avoir à disposition un professeur attitré aux cubes. Cependant, cette situation est très loin de représenter la norme. Pour vous et beaucoup d'autres (c'était mon cas), l'année de cube rimera avec longues heures passées au fond de la classe, coupé(e) du reste du cours. Tout d'abord, **chacun doit trouver la méthode qui lui correspond pour travailler efficacement** durant cette année particulière et en tout point différente des deux précédentes. Personnellement, je vous conseille de **ne suivre une seconde fois le cours que si vous en retirez un bienfait réel**. Sinon, il vaut mieux, même si pour vous ce sera totalement nouveau, travailler à l'écart. Dans ce cas-là, forcez-vous à être efficace et donnez-vous les moyens d'être pleinement concentré(e) (les boules Quies sont vos amies).

◎ **Maîtrisez le cours sur le bout des doigts.** Pour beaucoup de cubes, le programme des deux ans est encore parfois mal maîtrisé. Ce n'est pas le signe d'un retard et c'est encore moins rédhibitoire, surtout au début de l'année ! Toutefois, **le premier (et le plus gros) défi en cube sera de combler ces manques et de ne faire aucune impasse** : ce serait trop bête de perdre le bénéfice de trois ans de travail en croyant de vieilles rumeurs selon lesquelles la France ne tombera jamais au concours… pour se retrouver avec un beau sujet sur ce pays le jour J (coucou les concours 2020 !). **Prenez le temps de réviser (plusieurs fois) chapitre par chapitre**, et fichez vos cours si vous n'aviez pas eu le temps de le faire totalement pendant vos deux ans précédents.

◎ **Corrigez vos erreurs de méthodologie.** Certains, après deux ans, auront déjà saisi toutes les finesses de l'art de la dissertation. Mais pour beaucoup de cubes, **la méthodologie de la dissertation doit encore être précisée** et l'HGGMC est souvent une, voire la raison de l'échec de l'année précédente. Première chose à faire si c'est le cas, **demander ses copies de concours**. Certes, cela coûte souvent cher, mais le bénéfice qui pourra en être retiré vaut bien la grosse dizaine d'euros que vous paierez pour vos copies. À partir de là, il conviendra de les analyser précisément, les points forts comme les points faibles.

Pour cela, **votre professeur est votre meilleur allié** (d'autant plus que, si vous passez votre année au fond de la classe sans suivre directement le cours, vous ne serez pas celui qui lui prendra le plus de temps). Vous trouverez aussi sur le site de Mister Prépa tout un tas d'articles utiles qui vous donneront des conseils concernant la méthodologie des épreuves. **Avoir une méthodologie irréprochable sera au moins aussi important que d'avoir des connaissances précises le jour du concours.**

Ne vous dispersez pas. Certains vont immédiatement vous conseiller d'enrichir votre culture dans cette matière. D'autres vont abandonner leurs cours et se jeter à corps perdu dans des manuels. Une autre méthode très répandue est de multiplier les recherches personnelles. Cependant, il faut dresser un constat totalement véridique : vous avez, pendant deux ans, disposé d'un cours qui, quoi que vous en pensiez, était suffisant pour réussir aux concours (certains intégrés en carré de votre entourage sont là pour vous le prouver). **Vous disperser constitue le meilleur moyen de n'avoir des connaissances qu'en surface et non parfaitement.** Ainsi, concentrez-vous et maîtrisez votre cours, cela sera déjà bien suffisant.

ANTOINE D.
(ESSEC BS)

Notes obtenues :
19 (ECRICOME)
15 (ESSEC)
15 (ESCP/HEC)

ESSEC BUSINESS SCHOOL

Passez du temps à préparer spécifiquement les concours. Même si vous prenez du temps à réviser votre cours, l'année de cube vous laissera largement le temps pour **approfondir votre travail dans cette matière.** Et pour maximiser vos chances, tournez-vous très vite vers l'objectif réel de cette année : les concours. Certes, une bonne note à un DS est un bon résultat, mais il est important de couvrir tout le programme et non exclusivement ce que les carrés seront en train de travailler. **Faites régulièrement des plans détaillés sur des sujets** (tirés des annales ou que vous jugerez pertinents) sur les différents thèmes du programme. C'est le meilleur moyen de passer en revue l'intégralité des thèmes.

Travaillez sur ce que vous avez pu négliger pendant les deux dernières années. Le cours est un grand pas indispensable vers la réussite aux concours, mais d'autres éléments interviennent dans le cadre de celle-ci, et sont souvent négligés par les carrés. Pas question de faire la même erreur en cube ! **Il faut notamment insister sur les cartes qui représentent un quart de la note à l'ESCP.** Autre point intéressant, encore plus délaissé par les préparationnaires : **la possibilité de réaliser des « croquis de mémoire »**, signalée dans beaucoup de rapports de jury. Ces schémas intégrés à la copie donnent une dimension spatiale bienvenue dans le sujet, surtout s'il n'y a pas de carte à réaliser pour traiter celui-ci, comme à l'ESSEC. Rapides à faire, surtout si travaillés à l'avance, **ils sont très bien payés par les correcteurs. Profitez donc de cette année supplémentaire pour**

vous constituer une bibliothèque de schémas pour chaque ensemble géographique ou thème du programme, idéalement en en recoupant plusieurs.

◎ **Et surtout, travaillez activement l'HGGMC... sans pour autant négliger les autres matières.** Certes, derrière les maths, l'HGGMC est, notamment pour les Écoles du Top 3, la matière ayant le coefficient le plus élevé aux concours. Pour autant, il convient de ne pas oublier que toute épreuve, même celle ayant le plus petit coefficient, est importante dans le cadre de ceux-ci, d'autant plus qu'aux oraux, l'ordre est renversé et les langues retournent en état de grâce (pendant que la géopo, elle, est présente seulement à HEC à l'oral). **Une situation à méditer qui montre bien que vous devez absolument, et surtout en cube, travailler toutes les matières, et donc savoir être raisonnable.** Si ne pas avoir lu Friedman ne vous tuera pas..., avoir des lacunes trop importantes en grammaire anglaise est en revanche beaucoup plus problématique dans l'optique d'une intégration...

Mes notes

....

....

....

....

....

....

....

....

....

....

....

....

....

....

....

....

Culture générale

MARIE P.
(HEC Paris)

Notes obtenues :
20 (ECRICOME)
18 (HEC/EMLYON)
17 (ESSEC/EDHEC)

Beaucoup progressent en culture générale en cube étant donné le temps disponible pour approfondir leurs connaissances, méthodologiques et théoriques, en philosophie et en littérature. Au début de la cube, aborder un nouveau thème de culture générale peut effrayer mais, en réalité, avec un travail sérieux, une méthode encore plus approfondie et le suivi des conseils ci-dessous, qui optimiseront votre temps disponible en cube, vous pourrez briller à toutes les épreuves de culture générale ! Bosser la culture générale en cube, c'est un pari gagnant !

Les prérequis classiques pour réussir en culture générale s'appliquent toujours à un élève de cube. Vous devez, avant tout, ficher le cours, vous l'approprier et le travailler sérieusement tout au long de l'année. Vous devez également, en priorité, lire les textes proposés par votre professeur, les ficher et les revoir aussi toute l'année.

Démarquez-vous en vous constituant et en travaillant des références littéraires !
En cube, il est plus que jamais nécessaire de bien travailler la littérature, trop souvent délaissée dans les copies de culture générale. Si vous aimez lire **des romans ou des recueils littéraires, avoir des références littéraires précises** est vraiment valorisé pour se marier à votre réflexion et à vos références philosophiques. Les meilleures copies du concours sont le plus souvent composées de références autant philosophiques que littéraires.

L'importance de vos fiches. En ayant bien plus de temps qu'en carré, ficher la philosophie à la main, sur des fiches Bristol par exemple, plaît et sert à beaucoup de cubes. Vous n'aurez pas 1 000 références et choses à savoir à la fin de l'année, donc réservez-vous du temps, le mercredi ou le samedi après-midi par exemple, pour ficher la culture générale à la main avec un code couleur. Cette pratique vous forcera à **sélectionner les informations** que vous réutiliserez en dissertation **plus facilement le jour du concours**.

N'hésitez pas non plus à ficher, si possible à la main, les **plans des corrigés** des dissertations que vous donne votre professeur dans l'année. Cela vous aidera à les apprendre et à les mémoriser. Le jour J, certaines réflexions de votre professeur vous aideront à analyser le sujet dans son intégralité et à faire votre plan.

L'importance du feedback en cube. Reprenez vos erreurs et apprenez de celles-ci.
Revenir sur vos erreurs pendant vos devoirs sur table est primordial. Faites-vous **une fiche qui comportera une partie « problèmes de méthode » et une partie « problèmes de**

fond », où vous écrirez toutes les erreurs que votre professeur déterminera dans vos copies au fur et à mesure de l'année. Vous pouvez aussi retravailler vos copies du concours, avec votre professeur si possible, et lire des copies qui ont eu de meilleures notes.

Si vous avez toujours des problèmes de méthode, essayez de les régler au plus vite. Une méthode adéquate vous évitera des notes rédhibitoires et vous intégrerez l'École de vos rêves. Passez du temps à élaborer votre problématique et le fil directeur de votre copie, soignez vos transitions entre vos sous-parties et parties. Ne perdez jamais le fil directeur de votre copie, qui est une démonstration, et formulez clairement vos idées.

Prenez le temps nécessaire pour lire les textes et les livres plus en profondeur. Il est nécessaire de travailler par vous-même les textes donnés à étudier par votre professeur. La cube permet de libérer plus de temps pour vraiment lire des textes, des passages d'œuvres et même des œuvres entières pour vraiment s'en imprégner. Les textes sont à lire avant toute analyse mais surtout après, à la lumière de l'analyse de votre professeur, par exemple. Saisissez cette opportunité de vous constituer des références solides et maîtrisées, surtout si vous aimez *chiller* en lisant !

Constituez-vous des références personnelles solides prêtes pour les concours. En travaillant un texte ou le passage d'une œuvre, vous devez **extraire une ou deux citations** et **vraiment bien la/les travailler**. Vous pouvez, pour cela, rédiger **un « paragraphe » analytique** qui comporte cette citation de sorte que vous pourrez replacer cette référence au cours d'une dissertation en **l'adaptant en fonction du sujet**.
Attention, lorsque vous constituez vos références pour les concours, faites preuve de précision intellectuelle. Ne faites pas d'allusion vague aux œuvres que vous aurez choisies mais **soyez précis(e) et pertinent(e)** dans le déploiement de vos références.
Ne vous forcez pas à avoir des affinités avec des œuvres si vous n'en avez pas. N'hésitez pas à **sélectionner les œuvres**, à les retravailler plusieurs fois en les ayant fichées à la main. N'hésitez pas à utiliser une plateforme comme **Quizlet** afin de mieux mémoriser des parties de votre cours ou vos références.

Gardez le thème en tête et soyez curieux(-ieuse) ! Notez des exemples qui ont piqué votre curiosité, qui vous ont personnellement intéressé(e) et/ou que vous souhaiteriez travailler et approfondir. Adepte de théâtre, de films ou d'art ? N'hésitez pas à **penser au thème lors de votre choix d'œuvre ou d'exposition !** La multiplication des contacts et réflexions avec ce thème vous permettra de l'approcher au plus près de ce qu'il est.
Constituez-vous des références artistiques sur le thème. Optimisez le temps dont vous disposez en cube pour approcher des œuvres, des tableaux, par exemple, ou encore des morceaux, qui vous inspirent quant au thème, et utilisez-les dans vos DS en amorce ou en ouverture, notamment. Les DS de culture générale ne sont pas si nombreux en une année de cube, donc n'hésitez pas à soumettre vos recherches personnelles à vos professeurs pour vous constituer des références solides et validées, réutilisables pour le concours !
Pensez à des références qui vous parlent quand vous réfléchissez à votre thème. Avoir quelques références familières sur le thème peut être approprié. Cherchez dans vos lectures personnelles, qui remontent peut-être aux années collège, des romans, des pièces de théâtre, des films ou même des concepts liés au thème qui vous parlent. N'hésitez pas à relire quelques passages choisis si vous souhaitez rafraîchir votre mémoire !

◎ En cube, il faut préparer l'oral de culture générale de HEC toute l'année ! Fichez vos colles de culture générale et **apprenez les raisonnements et références qui vous semblent utiles.** Cela servira à nourrir votre esprit philosophique ainsi que votre capacité à raisonner, et sera la clé pour votre oral de HEC. Pour l'oral de culture générale de HEC, votre savoir accumulé va véritablement vous servir. Vous avez **deux véritables avantages : celui d'avoir réalisé plus de colles de culture générale que les carrés,** mais aussi **celui d'avoir travaillé un thème riche en profondeur durant votre année de carré.** L'ensemble de vos connaissances fichées et révisées en amont de votre oral vous permettra de réfléchir, et de briller, face à n'importe quel sujet.

◎ Écoutez des podcasts ! Comme vous avez plus de temps pour vous en cube, choisissez les podcasts pour *chiller* ! Faciles d'accès à tous moments de votre journée, les podcasts sauront vous aider à **penser le thème de l'année.** Vous pouvez d'ores et déjà consulter ceux que propose Mister Prépa, éplucher YouTube ou bien consulter les archives de France Culture !

◎ Interrogez-vous sur ce que vous inspire votre thème. Si vous avez envie d'aller plus loin, n'hésitez pas à **vous interroger sur les problématiques et enjeux que soulève ce thème.** Les concepteurs ne l'ont pas choisi au hasard, vous allez devoir vous saisir de sa complexité et vous l'approprier. Vous pouvez, par exemple, penser à ses caractéristiques. **Prenez le temps de le penser.** En cube, laissez-vous le temps d'avancer ; on ne comprend pas en un jour un concept, ça se travaille, se rumine !

◎ N'hésitez pas à acheter des livres sur votre thème, si cela vous rassure. Vous avez sûrement déjà dû effectuer une recherche sur Amazon concernant un manuel tout-en-un portant sur votre thème. Détesté par de nombreux professeurs, cet achat peut toutefois être réconfortant. Vous pouvez vous permettre, en cube, de consacrer une partie de votre temps à la lecture de ce type d'ouvrages. Mais attention, **il ne faut pas s'éparpiller dans de nombreuses références non maîtrisées ! Privilégiez des références approfondies et maîtrisées** plutôt qu'une accumulation de notions et références non travaillées et superficielles ! Pour vous appropriez véritablement vos références n'hésitez pas à **utiliser des fiches Bristol** et à les mettre en dialogue entre elles.

◎ Constituez-vous un dictionnaire de définitions. Votre thème de l'année va induire de nombreux sujets qui nécessiteront la maîtrise d'un **vocabulaire précis.** Constituez-vous petit à petit un dictionnaire des termes incontournables occasionnés par ce sujet. **Avoir ces définitions appropriées en tête** vous sera primordial lorsque vous rédigerez votre introduction sur votre copie, donc n'hésitez pas à dédier quelques instants de votre cube à la confection et à l'apprentissage de ce dictionnaire !

◎ Ne vous prenez pas la tête avec votre thème, vous avez du temps disponible pour vous l'approprier ! Approcher ce nouveau thème peut faire peur à de nombreux préparationnaires en cube, du fait de l'immensité de la notion et de l'inconnu qu'il inspire. **Lisez, pensez, faites mûrir ce thème**, mais surtout **soyez confiant(e)**. Vous maîtriserez ce thème d'ici les écrits si vous **faites preuve de travail et de curiosité**. Gardez aussi en tête **l'accompagnement que vous recevrez** de vos professeurs, mais également par l'intermédiaire des ressources de Mister Prépa.

Mes notes

AUTRES PRÉPAS

Hypokhâgne (Prépas littéraires)

Par Léo (HEC Paris), Florine (ESCP), Marie (EMLYON BS), Sacha (EDHEC), Marine (Audencia), Kosma (TBS), Amélie (GEM), chacun ayant obtenu entre 15 et 20 dans les matières en question.

Conseils généraux Florine Marie

L'entrée en Prépa peut être difficile parce que les exigences sont très différentes du lycée, mais vous ne devez pas vous décourager : **vous avez deux ans pour progresser !** De plus, si les notes beaucoup plus basses qu'à l'accoutumée peuvent vous rendre amer(-ère), vous devez impérativement garder à l'esprit qu'elles ne sont que l'évaluation d'un exercice à un instant T, et non le reflet de votre niveau général ou de vos capacités.

En B/L comme en A/L, vous ferez énormément de dissertations, **il est donc primordial que vous sachiez rédiger sans problème.** Les fautes d'orthographe, de syntaxe ou autres ne passeront pas : si vous avez des difficultés de ce côté-là, prenez le temps de vous améliorer afin d'être plus à l'aise à l'écrit. Votre lycée organisera peut-être des cours de soutien en français, sinon vous devrez vous attacher à lire un maximum pour vous habituer à de belles structures de phrases. N'oubliez pas qu'**une copie rédigée dans une langue fluide et exacte est toujours plus agréable à lire.**

Si les révisions en solitaire vous pèsent, vous pouvez proposer à vos camarades de classe d'organiser des révisions à plusieurs. Cela permet de rendre plus agréables les moments de travail et c'est souvent plus productif.

Vous ne pourrez pas tout savoir, ni tout apprendre : **il est impossible de lire un livre de littérature, d'histoire et de philosophie par semaine tout en étant au fait de l'actualité.** Il faut apprendre à faire des choix judicieux pour votre première année, mais aussi pour vos concours. Vous ne pouvez pas délaisser une matière, mais vous pouvez décider de la travailler plus ou moins. Ciblez donc les exercices de chaque matière sur lesquels vous souhaitez progresser. Il faut travailler quantitativement mais aussi qualitativement : **ciblez vos priorités et vos difficultés. Aussi, ne l'oubliez pas : LE TRAVAIL PAIE TOUJOURS.** Même si les résultats ne se font pas voir tout de suite, gardez espoir ! **En Prépa, le travail est toujours récompensé !**

Histoire / Géographie Amélie Léo

▪ En B/L

En entrant en B/L, il faut s'attendre à faire l'expérience d'une **vraie rupture entre l'apprentissage de l'histoire au lycée et celui en Prépa**. Les deux années permettent de traiter un vaste programme : un module « France de 1870 aux années 1990 » et un module « Monde de 1918 aux années 1990 ». Gardez donc à l'esprit que l'objectif est de creuser un maximum, et non plus seulement d'apprendre des leçons par cœur ! Alors n'hésitez pas à vous poser des questions et à faire des recherches personnelles. Un événement historique prend place dans un contexte plus général, il est la conséquence des événements antérieurs et la cause d'autres événements. **Il faut donc arrêter de simplement apprendre pour commencer à comprendre.**

Pour ce faire, nous vous conseillons d'utiliser comme support le cours de votre professeur sans pour autant vous y restreindre : les historiens vous seront d'une grande aide ! En effet, dès la première année, il faut **apprendre des thèses soutenues par des historiens dans leurs livres afin de pouvoir appuyer vos arguments**. Si la connaissance de certains ouvrages est incontournable, les auteurs originaux vous serviront à vous démarquer sur une copie de concours : dès la première année, il s'agit d'avoir l'objectif final en vue ! Pour ce qui est de l'apprentissage, les cours étant denses, **il ne faut pas prendre de retard sur le fichage (vraiment conseillé en Prépa) et synthétiser vos leçons au fur et à mesure de l'année** en optant pour la méthode qui vous convient le mieux (résumé des cours, frise, carte mentale).

▪ En A/L

En A/L, le programme est différent : d'une année à l'autre, il s'agit d'un thème soit français, soit étranger. En Hypokhâgne, le gros du travail consiste donc à maîtriser la méthodologie de l'épreuve, en ayant toujours à l'esprit que **la dissertation d'histoire n'est pas une chronologie commentée mais bien une démonstration !** Dans tous les cas, il est préférable d'illustrer un argument par un seul exemple judicieux que d'accumuler les dates et les références historiques. Tout est dans l'humilité et l'abnégation : la capacité à renoncer à étaler son savoir est la condition de la réussite en histoire.

À cela s'ajoute **la géographie, qui oscille d'une année à l'autre entre un programme régional et un programme thématique**. La géographie est probablement la matière qui diffère le plus de ce que vous avez vu au lycée. En effet, les notions et concepts y prennent non seulement une place plus importante, mais il vous sera aussi demandé de produire un ou plusieurs croquis dans vos compositions. Vous pouvez vous servir du site **Géoconfluences (département de géographie de l'ENS de Lyon) pour vous familiariser avec le lexique élémentaire de la géographie.** Vous pouvez aussi vous aider de l'ouvrage *La Géographie : pourquoi ? Comment ?*[1], un manuel théorique de référence que vos professeurs vous demanderont sûrement d'acquérir. Quant aux croquis, il est

1. Annette Ciattoni, Stéphanie Beucher, Magali Reghezza-Zitt, *La Géographie : pourquoi ? comment ?*, Paris, Hatier, 2017.

utile de vous familiariser le plus tôt possible avec les **codes de production graphique** attendus par l'ENS : ceux-ci sont rigoureux, et **les bons croquis sont très fortement valorisés lors du concours !**

Site Géoconfluences
liennathan.fr/q6zu65

Philosophie Sacha Marine

Votre premier cours de philosophie pourra vous sembler bien obscur et cela peut vite vous décourager. Une fois cette surprise passée, il s'agit de **reprendre calmement votre cours et d'essayer de le comprendre en le lisant (et en le fichant)**. Si, malgré tous vos efforts, vous avez encore du mal, ce n'est pas grave. **Trouvez d'autres supports** qui vous permettront de comprendre ce que vous a dit votre professeur : un livre, une vidéo ou un site capable de vous l'expliquer (en faisant attention aux sources). Vous pouvez même chercher directement dans le livre de l'auteur dont il a été question : une lecture de première main est souvent utile pour comprendre le cours.

Les podcasts sont aussi une source de qualité, on vous conseille par exemple « Les Chemins de la philosophie » sur France Inter. De nombreux ouvrages y sont évoqués et cela vous permet de découvrir, de comprendre ou d'approfondir une notion abordée en cours.

Enfin, malgré l'importance de vos cours et de vos connaissances, n'oubliez pas que vous n'êtes pas **noté(e) sur vos connaissances mais sur votre raisonnement**. Le jour J, tous les candidats auront des connaissances. Ce qui vous permettra de vous démarquer, ce sera la manière dont vous les utilisez, dont vous les agencez, mais aussi votre réflexion personnelle. Une sous-partie sans auteur est tout à fait possible si elle est cohérente, si elle fait avancer votre réflexion et que vous n'avez pas d'auteur sous la main. Dans ce cas, pensez à l'expliciter avec une œuvre artistique, ou **un exemple pertinent**, le but n'étant pas de faire du remplissage.

France Culture : Les Chemins de la philosophie
liennathan.fr/5m67ti

Français Amélie Léo

▪ En B/L

En fonction des concours, cette matière est souvent considérée comme « moins importante », mais ce n'est pas pour autant qu'il faut totalement la délaisser. Tout d'abord, même si certaines ENS ne la prennent pas en compte, d'autres concours en font souvent une matière pivot. Ainsi, **si vous visez les Écoles de commerce, cette matière est à travailler en priorité**. L'épreuve de littérature a plusieurs exigences et il faut s'y préparer. Tout d'abord, cette épreuve requiert une culture littéraire conséquente puisqu'il faut savoir parler de n'importe quel thème (ex. : l'engagement) à partir de n'importe quel genre (ex. : la poésie). **Souvent, les cours de vos professeurs permettent d'approfondir quelques œuvres en profondeur, mais c'est aussi à vous de chercher à enrichir votre culture.** Il faut donc vous appuyer sur toutes les ressources qui peuvent vous aider car vous n'aurez bien évidemment pas le temps de lire toutes les œuvres dont vous parlerez dans votre copie. Là encore, les sites ou vidéos en ligne peuvent vous aider, tout comme les bibliothèques qui sont là pour vous, ainsi que vos cours de français de première qui contiennent des analyses de textes valables même en Prépa : ce n'est pas parce que vous changez de niveau que ce que vous avez fait avant n'est plus valide, les analyses seront juste plus poussées. Il faudra aussi **utiliser des critiques littéraires que vous trouverez dans des manuels conseillés par vos professeurs.**

- **En A/L**

En filière A/L, les choses sont bien différentes. En effet, la littérature constitue la **matière la plus fortement coefficientée**, puisqu'elle compte pour un quart de la note totale aux écrits. Qui plus est, contrairement à la filière B/L, l'épreuve finale porte sur un programme spécifique (quatre œuvres et trois thèmes/questions) qui vous est communiqué en fin d'Hypokhâgne. Il peut donc être très intéressant de procéder en deux temps : un premier temps consacré à l'appropriation d'une culture littéraire élémentaire, ce que les anthologies vous aideront à faire, et **un second, entamé dès la fin de l'Hypokhâgne, consacré à l'apprentissage du programme**. Pour ce faire, je vous invite à procéder à une lecture active des œuvres du programme, pour lesquelles vous prendrez soin de noter les passages qui vous ont plu, ému, ou que vous trouvez pertinents au regard des thèmes du programme. Les rapports de jury insistent en effet beaucoup sur le fait que les exemples les plus pertinents et originaux sont souvent ceux qui en appellent à la mémoire profonde de l'élève. **La règle d'or est donc de ne pas se brimer au profit d'exemples appris par cœur !**

SES Amélie Kosma

Si votre premier cours sur l'histoire de la pensée socio-économique vous a semblé simple et barbant, le rythme va rapidement s'accélérer. Il faut, au fur et à mesure de vos cours, être sûr(e) de comprendre toutes les notions présentées par votre professeur. N'hésitez pas à poser des questions (en cours ou en fin de colle) et à chercher dans vos manuels. **Les notions de première année doivent en effet absolument être comprises pour la deuxième année, qui ira encore plus vite.** En ce qui concerne l'économie, et en particulier vos premiers cours de microéconomie, il est utile d'avoir un livre près de vous qui permet d'avoir d'autres explications, avec d'autres termes et parfois plus de détails. **De même, les vidéos sur YouTube peuvent beaucoup vous aider** puisque vous pouvez facilement trouver comment construire vos graphs étape par étape. Votre professeur peut ne pas avoir le temps d'expliquer tous les mécanismes qui se cachent derrière un raisonnement global.

Pourtant, lorsque ces derniers seront appliqués à des raisonnements plus compliqués, il sera primordial de connaître leur fonctionnement sur le bout des doigts.

Quant à la sociologie, elle peut paraître plus simple car elle est plus littéraire, moins théorique et s'applique à un champ que l'homme connaît par nature : les relations humaines en société. Cependant, il ne faut pas la négliger, mais penser à comprendre toutes les notions abordées par votre professeur et s'assurer de connaître leur définition. Dans vos copies, vous devez être capable de mobiliser des références classiques et plus récentes : votre niveau de maîtrise fera toute la différence.

Pensez enfin à **prendre des exemples de l'actualité économique pour illustrer ou nuancer vos écrits et trouver des accroches et des ouvertures pertinentes.**

Anglais Marie Léo

▪ En B/L

Cette année, vous allez découvrir l'exercice de la traduction, mais aussi l'histoire des États-Unis et du Royaume-Uni depuis 1750. Pour la traduction, il est bien de **consulter régulièrement des revues économiques en ligne et en anglais, comme *The Economist*, ou des journaux tels que *The Guardian* ou *The Washington Post***, afin de pouvoir vous entraîner à comprendre la langue, mais aussi pour vous faire des fiches de vocabulaire et d'expressions idiomatiques. Attention, entre l'ENS et les Écoles de commerce, l'épreuve est différente : **les traductions ENS sont souvent tirées de journaux alors que les traductions en Écoles de commerce sont littéraires.** Le vocabulaire utilisé en traduction d'École de commerce est ainsi différent, on y trouve des descriptions physiques, des objets du quotidien… Puisque vous n'êtes pas dans le pays, pour apprendre du vocabulaire, il va malheureusement falloir vous confronter à des fiches de vocabulaire que vous allez confectionner en fonction du concours préparé. Si vous avez des lacunes en grammaire ou en conjugaison, ce sont ces dernières qu'il faut travailler en priorité : on vous pardonnera plus facilement de ne pas savoir traduire « lit à barreaux » plutôt que d'avoir oublié un « s » à la troisième personne du singulier ! **Toutefois, ne négligez pas votre plaisir personnel : lire en anglais et regarder des films ou séries permet d'obtenir une vraie aisance dans la langue, tout en étant résolument plus agréable que le bachotage.**

En ce qui concerne la civilisation, il n'est pas compliqué de déterminer vos objectifs. Souvent, les professeurs attaquent le programme de spé en cours commun dès la première année car ils n'ont pas le temps de traiter tout le programme en deuxième année. **Si vous visez les Écoles de commerce, concentrez-vous plutôt sur l'actualité** (tout en étant au point sur quelques repères historiques). **Si vous visez ENS Ulm en spé anglais, bossez la civilisation à fond.**

▪ En A/L

En A/L, les choses diffèrent sans s'opposer radicalement à l'épreuve des B/L. En effet, si vous conservez une version (cette fois littéraire), **le gros de l'épreuve porte sur un commentaire composé**, rédigé en anglais. Il est important de noter que **les commentaires les mieux notés sont avant tout ceux dont la langue est impeccable** ; inutile donc d'élaborer un commentaire brillant mais ponctué de fautes d'orthographe ou de syntaxe : vous n'aurez pas la moyenne.

Le gros du travail, en Hypokhâgne, sera d'acquérir la méthode de la traduction et un certain nombre de structures consacrées vous permettant d'employer une langue belle et juste ! **Il n'y a aucune honte, contrairement à ce qu'affirment certains profs d'une autre époque, à apprendre par cœur des tournures consacrées** permettant d'introduire çà et là une idée, un exemple, une analyse, une concession… Gardez à l'esprit que la forme prime ici sur le fond et qu'un commentaire très bien noté est avant tout un commentaire lisible, rigoureux et irréprochable sur la langue.

LV2 Amélie Kosma

Peu importe la langue choisie en LV2, vous ne la passerez pas au concours des ENS (du moins à l'écrit). Définissez, là aussi, vos objectifs. Si les ENS sont votre priorité, c'est une matière que vous pouvez moins travailler (sans pour autant la délaisser totalement !). À l'inverse, si vous passez les Écoles de commerce, vous devez non seulement garder impérativement votre LV2 mais aussi bien la travailler ! Cette matière peut être un bon moyen de gagner des points au concours, voire être une matière pivot en fonction des coefficients de chaque École, alors même que ce n'est « que » votre LV2. Ne la négligez donc pas. **Vous pouvez d'ores et déjà vous faire des fiches sur les grands jalons historiques des pays et, comme pour l'anglais (si l'anglais est votre LV1), commencer à bosser votre vocabulaire** en lisant les journaux mais aussi, pour les traductions, en apprenant du vocabulaire du quotidien, car elles sont le plus souvent littéraires et contemporaines. De même, **il est possible de progresser très rapidement en LV2 en écoutant régulièrement la langue à travers des vidéos, séries, films… :** trouvez des façons ludiques d'apprendre les structures de phrases, le vocabulaire et même la prononciation !

Pour vos concours, vous devrez être au courant de l'actualité de l'année ayant précédé le concours. En Hypokhâgne donc, l'actualité n'est pour l'instant pas une priorité, même s'il est toujours avantageux d'être au fait et de lire régulièrement les journaux.

Mathématiques (B/L) Kosma Marine

En fonction de votre niveau initial, il va falloir adapter votre départ. Certains seront plus à l'aise que d'autres à l'entrée en B/L, mais rien n'est gagné d'avance et être perdu dès les premiers cours n'est pas une fatalité. **Apprenez vos cours, vos formules et vos méthodes, puis entraînez-vous souvent sur des exercices classiques.** Vous devez vous efforcer d'être au point au moins sur le cours et sur les exercices de base à la fin de chaque leçon. N'hésitez surtout pas à poser des questions. Même si vous ne réussissez pas un exercice chez vous, essayez d'aller le plus loin possible et notez dans la marge les difficultés majeures auxquelles vous avez été confronté(e) : vous pourrez y revenir à la fin du chapitre.

Le plus difficile est de tenir le rythme. Il faut jongler entre colles régulières, DS et concours blancs, tout cela sans négliger les autres matières. Cependant, pas de panique si vous êtes en retard : je vous conseille de prendre du temps le week-end et pendant les vacances pour **revoir les chapitres que vous n'avez pas totalement assimilés et être à jour à chaque retour en cours.**

Si vous avez plus de facilités, vous pouvez vous permettre d'aller plus loin dans votre travail. Cependant, l'apprentissage du cours reste obligatoire. Vous pourrez avoir la chance de vous démarquer aux concours, il serait dommage de perdre des points sur des questions de cours simples et attendues. Profitez de vos facilités pour demander à votre professeur des exercices plus rares ou plus difficiles. Si vous êtes adepte des fiches, n'hésitez pas à en faire pour regrouper toutes les formules utiles du cours et les méthodes de certains exercices, afin d'y revenir plus rapidement en deuxième année.

Mes notes

....

....

....

....

....

....

....

....

....

....

....

....

....

....

....

....

....

Khâgne (Prépas littéraires)

Conseils généraux Florine Léo

Cette année est celle du perfectionnement. **Vous devez essayer de faire au mieux pour approfondir vos connaissances tout en étant au point sur tous les exercices de base.** Les copies doivent se densifier et il faut commencer à vous démarquer par quelques idées originales au fil de l'année. Cependant, rappelez-vous qu'une copie longue n'est pas forcément une bonne copie. Vous devez rester concentré(e) sur vos objectifs car la Khâgne est rapide et ce sont vos objectifs qui vous donneront le courage de travailler lorsque vous aurez des baisses de motivation. **Votre travail doit ainsi s'intensifier en fonction de vos objectifs : vos idées d'orientation doivent se dessiner assez vite en ce début d'année pour vous permettre de vous motiver (c'est toujours plus facile en visant une École) et d'organiser votre travail en fonction des matières les plus importantes.**

Profitez de vos concours blancs pour planifier vos révisions. Ces derniers ont pour but de vous mettre dans des conditions réelles, alors essayez de ne pas faire d'impasse, quitte à avoir une moins bonne note, les révisions n'en seront que plus faciles le jour J.

Pensez aussi à vous vider la tête. Cette année est stressante et rapide, alors autorisez-vous des moments de pause avec vos amis ou même des moments de révision à plusieurs, c'est souvent très utile pour tout le monde. Si, en Hypokhâgne, vous n'avez pas trouvé vos méthodes de travail, c'est en ce début de Khâgne qu'il faut le faire pour pouvoir être efficace. **Vous devez impérativement réussir à élaborer des fiches que vous pourrez facilement apprendre et réapprendre au fil de l'année**, et enfin réviser une dernière fois avant les concours.

Il est également important de **se préparer aux épreuves orales le plus tôt possible**. En effet, trop nombreux sont les candidats qui attendent les résultats d'admissibilité de l'ENS pour se préparer aux épreuves orales, et se retrouvent alors submergés par le travail !

Histoire Amélie Kosma

Maintenant que vous avez l'habitude des cours denses en histoire, vous devez commencer l'année avec vos fiches d'hypo bien finies : il ne faut pas entamer l'année avec du retard ! De même, après une première année, vos capacités rédactionnelles doivent être bonnes. Si vos cours sont appris et que vous rédigez bien, il y a plusieurs moyens de se démarquer aux concours. Premièrement, **l'analyse du sujet est de la plus haute importance**, et vous devez maintenant être familier(-ière) avec son exécution. Lorsque vous découvrez un sujet, vous devez bien attendre de le retourner dans tous les sens avant de commencer : l'objectif est de comprendre tous les enjeux du sujet, et même de cerner les attentes du correcteur. **En effet, bien qu'il n'y ait pas de plan type, il y a des thèmes qu'un sujet attend**, et pour bien mener votre analyse vous devez être en mesure de les percevoir.

Ensuite, l'apport de travaux historiques peut vous permettre de montrer à votre correcteur que vous maîtrisez votre sujet. Dans votre développement, **vous devez argumenter à l'aide d'exemples concrets et renforcer votre idée avec la thèse d'un auteur**. Ainsi, lorsque vous fichez vos leçons, il est judicieux de rechercher les historiens qui ont travaillé sur les thématiques en lien avec votre cours (la bibliographie de Wikipédia est souvent déjà bien remplie) et de retenir les idées principales de ces livres (thèse générale, faits étudiés, chiffres marquants...). Ajoutez donc à chaque leçon quelques livres historiques que vous pourrez citer.

Philosophie Marine Sacha

En premier lieu, il s'agit de comprendre que la philosophie en Khâgne n'a rien à voir avec son homologue d'Hypokhâgne. Bien évidemment, certains de vos cours pourront être réutilisés durant la préparation de vos colles, mais une frontière nette se dessine néanmoins. En effet, **le programme de Khâgne porte sur une à deux notions, ce qui signifie un approfondissement et une rigueur** que ne proposaient pas les cinq ou six thèmes abordés en première année.

Au cours des premières semaines, il est probable que vous vous sentiez distancé(e), perdu(e) face aux objectifs des concours. Cela n'a en réalité aucune importance. À mon sens, la philosophie en Khâgne est l'une des rares matières qui permette d'espacer ses séances de travail et de prendre son temps. **Ce qui fera la différence, c'est justement le travail personnel d'appropriation et de recherche que vous aurez fait.** Mais la philosophie est une manière ingrate : les progrès peuvent prendre des mois. Parfois, vous ne progresserez que d'un ou de deux points malgré des révisions intensives. Dans ce cas, il est nécessaire de se souvenir que seul le jour du concours est important, à moins que vous n'escomptiez intégrer des Écoles sur dossier. Dans ces deux cas, il existe, selon moi, une manière de travailler la philosophie afin d'obtenir les meilleurs résultats possibles.

En philosophie, le cours est un outil : notionnel d'une part, dans le but d'explorer les références canoniques d'autre part. **Votre cours de philosophie est là pour vous épargner de nombreuses recherches, en particulier sur les notions et auteurs principaux. Ainsi, vous éviterez les écueils éliminatoires** sur les auteurs classiques, en apprenant rigoureusement vos leçons, et ce afin de vous ménager du temps pour vos recherches personnelles. De fait, ce ne sont pas les auteurs canoniques qui feront la différence aux concours, bien qu'il soit indispensable de les faire apparaître si le sujet les convoque implicitement. Rappelez-vous que face à un sujet comme « Le beau » ou « La technique », ne pas convoquer respectivement Kant et Heidegger vous sera sévèrement reproché. La question est donc de faire apparaître le mieux possible votre maîtrise des auteurs classiques, de manière précise et informée (nom des ouvrages, chapitres, citations) afin d'engranger des bons points face à la majorité des préparationnaires qui se contenteront de débiter des banalités sur ces auteurs. Il est donc impératif de maîtriser parfaitement son cours et de s'être approprié les grands auteurs afin de faire d'emblée la différence.

Ensuite, le sel de vos dissertations apparaît, à mon sens, avec l'originalité des auteurs abordés ainsi qu'avec votre analyse introductive. **Il est primordial de proposer une définition des termes du sujet qui soit étendue, précise et maîtrisée :** le sujet ne doit pas paraître vous échapper. Balayez chacun de ses aspects afin que, même si vous n'en abordez pas certains, le jury sache que vous avez conscience de la pluralité des réponses possibles. Pour ce faire, commencez tôt dans l'année à **faire des fiches de définitions**, dans l'optique de saisir le maximum d'aspects de votre thème. Revenez régulièrement à ces définitions afin de vous en imprégner et ne jamais être déstabilisé(e) face à un sujet. Je ne peux que vous recommander de vous munir d'un véritable dictionnaire philosophique (celui de Ferdinand Alquié, par exemple), de préférence écrit par des philosophes eux-mêmes, qui seront à même de faire surgir les singularités des notions.

Enfin, il est très utile de **vous munir d'une histoire de la philosophie afin de travailler le deuxième volet de la dissertation : la richesse de vos références.** Un ouvrage comme celui-ci vous fournira de la matière pour des fiches synthétiques et variées et vous mènera surtout à la découverte de nouveaux auteurs. C'est ici que vous pourrez faire la rencontre de nouvelles pensées et comprendre les grands mouvements dans l'histoire de la philosophie, c'est-à-dire acquérir une colonne vertébrale dans vos recherches. Par la suite, vous aurez le champ libre pour vous consacrer à la **lecture intelligente d'ouvrages critiques ou des auteurs eux-mêmes.** Par « lecture intelligente », j'entends ne pas lire un essai de bout en bout et le ficher de manière systématique. Soyez minutieux(-ieuse) : consultez le sommaire, lisez l'introduction et naviguez dans les essais afin de saisir ce qui vous intéresse. La bonne fiche est celle sur laquelle vous aurez passé du temps, pas trop longue mais diablement efficace. L'essentiel est de comprendre le cheminement de l'auteur, son point d'achoppement par rapport au thème, et de le saisir dans le texte, c'est-à-dire avoir des citations et être familier de ses idées, ce que les fiches sur Internet ne permettent pas de faire.

Pour conclure, revenez à vos définitions chaque semaine et accroissez votre liste de termes. Comme je l'ai dit, rien ne sert de faire de la philosophie tous les jours. L'essentiel est de prendre du plaisir à faire vos fiches ; **deux auteurs par semaine, c'est un bon rythme**, laissant le temps de bien les approfondir et de faire autre chose que de la philosophie. Au bout de trois mois, vous verrez le résultat : un panel d'auteurs très large et des notions aussi familières que peut l'être le vocabulaire de tous les jours.

Français Amélie Léo

L'objectif pour les concours est d'avoir une culture littéraire assez solide pour pouvoir traiter un sujet (notamment pour illustrer ET nuancer la thèse de la citation). **Les vacances sont l'occasion de lire pour le plaisir :** si les livres épais vous font peur, privilégiez plusieurs petits livres qui seront autant d'exemples à citer. N'oubliez pas de noter ce qu'il faut retenir du livre en vous aidant, notamment, d'une brève recherche sur Internet afin de l'associer à un mouvement et de savoir comment bien l'utiliser. De même que pour les historiens, **l'ajout de critiques littéraires est valorisé dans une copie. Vous pouvez donc ficher plusieurs textes de différents auteurs afin de retenir la thèse qu'ils défendent** et de pouvoir la placer dans un paragraphe. À cet effet, vos professeurs vous demanderont sûrement d'acquérir le « Vassevière et Toursel » (*Littérature : 150 textes théoriques et critiques*, Armand Colin) ; les anthologies critiques sont par ailleurs très utiles. Vous pourrez ainsi jongler entre références incontournables et références originales pour montrer à votre correcteur que vous vous y connaissez, et surtout, afin d'avoir des exemples d'approches différentes d'un même sujet.

Pour finir, les sujets, qu'ils soient de type ENS ou BCE, représentent une difficulté plus ou moins équivalente et sont piochés parmi des thèmes qui reviennent (engagement, lecture, rapport au réel...). Vous pouvez donc dès maintenant **prévoir ces différents thèmes et y lier idées et références. Les annales vous seront très utiles !**

En A/L, le thème et les œuvres au programme pour la BCE sont les mêmes que pour l'ENS. Vous n'avez donc rien de spécial à préparer, si ce n'est l'**entraînement aux épreuves de 4 heures**, indispensable pour ne pas être pris de court le jour de l'épreuve BCE !

SES (B/L) Amélie Kosma

Cette année, les cours vont devenir plus complexes. Les chapitres mobilisent souvent des notions vues en première année. Ainsi, si vous n'êtes pas à jour sur vos bases, profitez des vacances pour les revoir ! **Il faut absolument que vous soyez au point pour pouvoir aborder, notamment, les chapitres d'économie publique ou de politiques conjoncturelles qui englobent toute une série de mécanismes qui doivent être acquis.** Les cours que va vous donner votre professeur vont sûrement devenir de plus en plus denses, et même si chaque auteur a son importance, vous ne pourrez pas tout apprendre : **vous devrez donc être stratégique. Associez chaque leçon à des auteurs incontournables à ne pas oublier, et ajoutez-y des auteurs originaux, plus spécifiques, moins connus.** Dans cette matière aussi les fiches d'auteurs peuvent être judicieuses, c'est d'ailleurs ce que font la plupart des préparationnaires. Mais vous pouvez également faire une fiche par ouvrage et rassembler l'ensemble de vos connaissances grâce à la technique de la feuille blanche. Le but est de pouvoir gagner du temps et de ne pas avoir à relire votre cours entier lors de vos révisions. En parallèle, **assurez-vous de bien connaître vos graphs de première année et d'assimiler ceux que vous apprendrez en deuxième année :** ce sont des points en plus dans vos copies !

Anglais Marie Léo

Si l'année dernière vous avez un peu fait l'impasse sur l'actualité, cette année, ce n'est plus possible, surtout si vous visez les Écoles de commerce. **Pensez donc à regarder la presse, les médias ou les revues d'actualité que le site Mister Prépa vous fait chaque semaine.** Vous devrez être au courant des événements du monde anglophone des deux années précédentes. Apprenez du vocabulaire en relation avec les événements. Pour les traductions littéraires, vous pouvez prendre un roman en anglais, lire une page par jour, noter et apprendre le vocabulaire que vous ne connaissez pas, ou même lire des livres simples qui seront autant de références à placer dans vos copies de littérature et de spécialité anglaise. C'est un travail de fourmi qui paie sur le long terme.

L'année de Khâgne est aussi **l'occasion de vous préparer aux oraux**. En A/L Lyon, l'épreuve est une épreuve de civilisation. Cela signifie qu'il vous faut précisément **connaître la méthode du commentaire journalistique et maîtriser vos savoirs historiques sur le monde anglo-saxon**. Chose importante, cette épreuve se rapproche de l'épreuve orale HEC en anglais, tout en étant plus longue et plus complexe. Vous entraîner pour l'une est donc bénéfique à l'autre !

LV2 Amélie Kosma

Tout comme en anglais, l'actualité sera indispensable cette année : **pensez à jeter régulièrement un œil sur un média de référence** (*El País* pour l'espagnol, par exemple, *Deutschland.de* pour l'allemand…), ne serait-ce que pour lire les titres (dans les transports ou dès que vous avez cinq minutes). En plus d'être des exemples facilement mobilisables dans vos essais, ils serviront aussi dans les autres matières !

Si vous n'êtes toujours pas très à l'aise pour écrire et parler, ne négligez pas la grammaire et, comme en première année, essayez de lire et d'écouter votre LV2 autant que possible, cela vous permettra de vous familiariser avec des expressions, la conjugaison et bien d'autres choses !

Si vous vous débrouillez bien, vous pouvez toujours **apprendre des tournures de phrases idiomatiques, des connecteurs logiques… pour améliorer la qualité de vos copies.** Pour vous garantir une progression sur toute l'année, n'hésitez pas à tenir un cahier ou un document texte sur lequel vous ajoutez tous les mots que vous ne connaissez pas et leur traduction, notamment lorsque vous corrigez des traductions, afin de vous permettre d'enrichir votre vocabulaire.

Quant à votre travail sur la civilisation, **assurez-vous d'être au point sur les événements les plus marquants des pays qui ont pour langue officielle votre LV2.** Dans le cas de l'espagnol, par exemple, faites-vous un panel de fiches « Espagne » et « Amérique latine », en essayant de conserver l'essentiel de l'histoire de ces pays (dictatures, lois importantes, présidences) car beaucoup de sujets reviennent. **Ajoutez à cela des données actuelles en lien avec les problèmes propres aux pays (instabilité politique, migration, délinquance, violence, inégalités, etc.).**

Mathématiques (B/L) Kosma Marine

Cette année, vous aurez le temps de revoir toutes les bases sur lesquelles votre professeur est passé assez vite en première année : les chapitres vont mobiliser beaucoup de formules et de méthodes déjà vues.

Ainsi, le plus important est encore une fois de maîtriser les bases. En effet, même si les mathématiques ne sont pas votre point fort, **vous pouvez assurer une note supérieure**

à 8 en répondant correctement aux questions « classiques » des sujets. Il faudra donc savoir les reconnaître et appliquer les méthodes vues au cours de vos deux ans.

Afin de viser les plus hautes notes, vous pouvez demander à votre professeur (ou chercher sur Internet) des annales pour vous entraîner dès le début de l'année. N'hésitez pas à chercher par chapitres dans les annales des Prépas commerciales, dont le programme de mathématiques est très similaire à celui de B/L.

C'est avec de la rigueur que vous pourrez réussir. Assurez-vous de bien comprendre les corrections des exercices et des annales, et de vous entraîner régulièrement sur des exercices types qui vous ont posé des difficultés. Pendant l'épreuve, il vaut mieux passer plus de temps sur une question simple et être sûr d'avoir les points, plutôt que d'enchaîner les questions sans brouillon et n'en réussir qu'une poignée. **Il vous faut donc vous entraîner à être rapide sans faire de fautes, et ne pas confondre**, comme le dit le célèbre adage, **vitesse et précipitation.**

Sciences humaines (A/L Lyon) Léo

L'épreuve de sciences humaines est une épreuve spécifique aux A/L Lyon qui n'apparaît qu'aux oraux. Si son coefficient est relativement faible, elle demande tout de même beaucoup de préparation. En l'occurrence, il s'agit d'un commentaire de texte et d'une discussion avec le jury sur l'un des quatre ouvrages au programme. La rotation du programme est là aussi particulière : seule la moitié des œuvres change chaque année. **Cela signifie que vous pouvez très bien maîtriser la moitié du programme dès votre année d'Hypokhâgne !**

Concernant son déroulement, et malgré les instructions sibyllines de l'ENS, l'exposé se déroule en trois parties. Idéalement, ces parties s'organisent entre **2 minutes de présentation du texte et de l'œuvre, 5 minutes d'explication de texte et 3 minutes d'approfondissement sur un trait saillant du texte.** Il est important de maîtriser ce format très contraignant, les 15 minutes restantes étant une discussion avec le jury.

Géographie Sacha

Voilà bien une matière où vous pouvez obtenir la note maximale.

En géographie, je vous conseille de bien suivre le plan de votre cours. Comme en histoire, **le travail de votre professeur est de vous aiguiller, de baliser la voie.** Il y a généralement beaucoup de matière dans les cours de géographie en Khâgne, alors utilisez ce support au maximum. Les grands chiffres, les grandes définitions, auteurs, questions y seront abordés. Combinez à cela la lettre de cadrage de l'ENS et vous saurez précisément comment vous diriger en géographie. C'est l'une des matières les plus limpides du concours, alors optimisez votre temps.

Votre travail personnel consiste essentiellement à vous tenir au fait de l'actualité, à tenir vos chiffres à jour et trouver des exemples et données qui sortent de l'ordinaire. Hypergeo et la base de données de l'ENS sont, pour cela, des sources très fiables et faciles à manipuler. Essayez d'ajouter quatre exemples originaux à votre cours chaque semaine et vous aurez ainsi une base de travail plus que suffisante.

Ensuite, il s'agit également de maîtriser parfaitement les termes du sujet et les définitions géographiques. Pour ce faire, privilégiez les géographes qui définiront mieux les notions que vous ne sauriez le faire. La différence se fait, à mon sens, sur le nombre de géographes que vous êtes en capacité de mobiliser. **Lorsque vous évoquez une notion ou un chiffre, accolez-lui un auteur ou une source fiable.** Cela viendra habiller et enrichir votre copie : les géographes sont friands de géographes.

Enfin, en ce qui concerne les croquis, une dizaine suffit pour aborder les concours. Rappelez-vous qu'une copie sans croquis aura un plafond de 16 ou 17 (je l'ai expérimenté) et que deux ou trois bonnes productions graphiques vous feront tutoyer les sommets (un ou deux points supplémentaires). Rien ne sert d'en connaître trente, mais il s'agit bien plutôt d'avoir des supports malléables et originaux que vous pourrez adapter dans vos dissertations.

Hypergeo
liennathan.fr/5kv63m

Mes notes

Prépa ENS D2

Cassandra Alban Manon Patricia

Les vacances d'été ne sont plus qu'un lointain souvenir, vous voilà sur le point de commencer votre vie d'étudiant(e) en Prépa. **Même si cela peut en angoisser plus d'un(e), pas de panique, voici cinq points fondamentaux pour vous permettre d'appréhender ces deux années en classe préparatoire le plus sereinement possible.**

◎ Découvrir comment être le plus efficace dans son travail. Si vous n'avez pas trouvé au lycée quelles méthodes de travail et de révision vous correspondent le mieux, le temps est venu pour vous de les découvrir. Travail en bibliothèque ou à la maison, fiches ou pas fiches, prise de notes à l'ordinateur ou à la main : **voici les questions qu'il faudra vous poser**.

À noter pour les fiches addicts : les cours (surtout ceux de la fac) seront particulièrement plus longs et riches en informations que ceux que vous pouviez avoir au lycée. Si le fichage est votre seule façon d'apprendre un cours, ne perdez donc pas de temps et essayez de ficher après chaque cours.

◎ Savoir jongler entre fac et Prépa. Le fait que les étudiants en Prépa D1/D2 doivent simultanément suivre un cursus universitaire et un cursus en classe préparatoire demande une certaine organisation. **Il vous faudra apprendre à privilégier les cours qui vous serviront le plus pour la suite de vos études sans pour autant délaisser les autres.** Exemple : si vous voulez à tout prix intégrer l'ENS, il vous faudra privilégier les matières qui sont au concours de ce dernier sans pour autant délaisser les autres matières de la fac afin de pouvoir valider votre année.

◎ Ne pas se laisser submerger par le travail. Prenez l'habitude de réviser et/ou de ficher vos cours (en fonction de votre mode de fonctionnement) dès le début de l'année, qui est habituellement le moment le plus calme de vos deux années en Prépa. **Il est important de n'accumuler aucun retard** et il serait dommage que vous ne preniez pas le pli de travailler dès le début et que vous ayez à rattraper ce retard plus tard dans l'année, quand le rythme sera beaucoup plus intense.

À noter que les fins de semestre sont souvent très soutenues : entre galop d'essai, partiels, DS et colles, les échéances peuvent s'accumuler. **C'est pourquoi il est très important de travailler régulièrement dès le début de l'année** afin de pouvoir être le plus serein possible en ces périodes de stress.

◎ Savoir appréhender un nouveau cadre de travail. La Prépa et la fac ont des méthodes de notation qui n'ont rien à voir avec celles du lycée ; **il faut vous préparer à voir vos résultats baisser dans la plupart des matières.** Cela témoigne d'une différence de niveau attendu entre l'enseignement secondaire et le supérieur. Ne vous laissez pas abattre par vos premières notes, qui peuvent être largement en dessous de vos attentes : vous avez deux ans pour vous améliorer et vous habituer à ce nouveau système de notation. **La vie en Prépa est faite de hauts et de bas, vous saurez rebondir.**

◎ Considérer les autres élèves de la Prépa comme des alliés et non pas comme des concurrents. Selon les Prépas, la concurrence entre les élèves est plus ou moins rude. Bien que vous passiez tous le même concours à la sortie de la Prépa, considérer les autres personnes de votre Prépa comme des concurrents ne vous sera pas bénéfique. **Au contraire, si vous vous entraidez pour les cours, si vous organisez des séances de révision en commun ou tout simplement allez réviser ensemble à la bibliothèque pour vous motiver, vos années en classe préparatoire vous sembleront bien plus faciles.**

◎ L'essentiel est d'appréhender ces deux années avec confiance. Si vous avez été sélectionné(e) pour rentrer en classe préparatoire, c'est que vous avez les capacités de faire face à la charge de travail qu'elle implique. De plus, le taux de réussite des étudiants en D1/D2 à la faculté est très élevé malgré la charge que représente la Prépa, vous avez donc toutes vos chances pour réussir : croyez en vous.

Analyse économique générale (AEG) (microéconomie), pour EDHEC et ENS

La microéconomie, différente de la macroéconomie, est une matière redoutée de nombreux étudiants issus de CPGE ENS. **C'est un sujet très méthodique dont les mathématiques sont l'outil essentiel.** L'objectif principal est d'étudier les comportements des agents économiques (consommateurs, producteurs…) en présence de divers facteurs et contraintes. **Pas de panique, cet aspect calculatoire n'est pas insurmontable !** Rigueur et travail seront la clé de votre réussite dans la matière. Bien qu'il soit nécessaire d'être à l'aise avec les calculs et autres outils mathématiques tels que les dérivées et graphiques, il est facile de progresser. En effet, beaucoup d'étudiants intègrent une Prépa ENS en ayant des lacunes en mathématiques et ce n'est pas un frein à leur réussite. **L'apprentissage et la compréhension du cours sont essentiels.**

Plusieurs livres sont vivement recommandés pour permettre aux étudiants de travailler correctement cette matière. Du plus facile au plus difficile :
– ***Microéconomie*, Alain Piller** (Premium éditeur, 2013) ;
– ***Microéconomie : Exercices corrigés*, Arnaud Mayeur, Christophe Hachon et Reynald-Alexandre Laurent** (Nathan, 2013) ;
– ***Éléments de microéconomie. Exercices et corrigés*, Bruno Julien, Pierre Picard** (LGDG, 2011).

Prendre ses repères et se familiariser avec la matière est une question de temps, il ne faudra pas vous laisser déstabiliser ! **C'est avec la pratique de nombreux exercices présents dans ces livres que les bons résultats aux colles et DS tomberont.** La précipitation est l'un des pièges majeurs que l'on peut rencontrer dans cette matière. Il faut prendre le temps de réaliser progressivement les exercices, commencer par les plus simples puis continuer sur les exercices plus complexes. Pas de panique, la difficulté de l'exercice est indiquée dans ces ouvrages ! **Le « Picard » (troisième livre cité) est reconnu pour sa difficulté, c'est donc lui qu'il faudra favoriser en deuxième année.**

Néanmoins, le « Hachon » (deuxième livre) reste un élément essentiel qui saura accompagner les débuts de révision de chaque chapitre. En conclusion, si vous souhaitez intensifier vos révisions et rencontrer davantage de complexité, il faudra utiliser les deux livres progressivement. Ces ouvrages sont disponibles dans de nombreuses bibliothèques universitaires. **Le fichage est un réel allié dont il faut savoir se doter car, à la fin des deux ans de classe préparatoire, nombreux et divers seront les problèmes économiques que vous aurez rencontrés.** Refaire tous les exercices et annales avant les concours afin de revoir l'intégralité de la matière peut s'avérer très fastidieux. C'est donc un mauvais choix stratégique. C'est à ce moment que le fichage des méthodes vous permettra d'économiser une quantité non négligeable de temps. Cela vous permettra de voir ce que vous ne maîtrisez pas et donc de le retravailler. Remarque : **faites en plus des fiches méthodologiques, des fiches de cours, car elles vous serviront pour les oraux de l'ENS.**

Analyse monétaire et politique économique (AMPE)

En première année, l'AMPE est une nouvelle matière pour vous. Vous retrouverez des thèmes communs aux problématiques étudiées en terminale, mais il ne s'agit pas d'une matière qui s'inscrit dans la continuité des SES. C'est une discipline qui utilise, notamment, les outils mathématiques à des fins de démonstration. **Les paragraphes écrits soit sont introductifs aux problèmes posés, soit fournissent des propositions à la suite de la démonstration mathématique.** Ce qui est totalement nouveau pour vous. Ce fonctionnement particulier peut être déstabilisant au premier abord, surtout si vous n'êtes pas à l'aise avec la discipline des mathématiques. **Cependant, il faut travailler cette matière en fonction des attentes aux concours, qui sont plus élevées que celles du bac sur le plan de la précision du propos et différentes sur le plan de la méthodologie.** Vous n'aurez besoin en aucun cas de savoir refaire les démonstrations mathématiques, mais bien de pouvoir expliquer un argument. L'objectif final est simple : réussir à disserter sur n'importe quel sujet macroéconomique, à l'écrit et à l'oral. C'est un travail qui est long et qui se fait par un processus d'apprentissage essai/erreur. C'est pourquoi il faut commencer le travail dès la première année. Ce qui débute par la compréhension du cours.

Le travail de compréhension du cours

▪ En classe

Prenez des notes en version papier, car vous effectuez déjà un travail de mémorisation. Même si vous avez une version papier du cours, il manque souvent des éléments annexes que le professeur ne vous apportera qu'en cours et qui permettront à votre copie de sortir du lot. Il est utile de noter les statistiques, le contexte dans lequel la théorie a été développée et les exemples.

Lorsque le professeur déroule son cours, **interrogez-vous en continu sur votre capacité à réexpliquer à la fin du cours ce que vous avez appris pendant**. Si vous ne vous en sentez pas capable, alors posez des questions au professeur jusqu'à ce que ce soit possible. Ce qui n'est pas compris en cours ne sera pas compris après.

▪ Chez soi

Il faut, dans l'idéal, reprendre son cours le soir même car les idées sont encore fraîches.

Il faut réussir à extraire du cours la substantifique moelle qui permet de répondre aux questions suivantes : qu'est-ce que l'auteur démontre ? Quels sont les arguments de l'auteur ? Pourquoi démontre-t-il cette idée ? En fait, **il s'agit de réussir à expliquer les mécanismes économiques de manière simple**, c'est-à-dire partir de l'agent représentatif et expliquer ce que montre l'auteur.

Pour comprendre le cours du professeur, il est conseillé de s'aider de livres :
– *Macroéconomie*, Arnaud Mayeur (Nathan, 2011) ;
– *Politique économique*, Agnès Benassy-Quéré, Benoit Cœuré, Pierre Jacquet, Jean Pisani-Ferry (De Boeck, 2017).

Ajoutez des statistiques, des éléments de contexte, des exemples et du contenu qui pourraient vous servir de phrase d'accroche, si le professeur ne l'a pas fait.

Entraînez-vous à **refaire les graphiques du cours**. Vous pourrez les insérer dans votre copie.

Avec ces points, faites des fiches.

Le travail autour d'un devoir/une colle

▪ En amont

Il faut **comprendre le cours, et apprendre les éléments de contexte**, statistiques et exemples.

Lorsque **vous révisez un thème, apprenez les théories et les auteurs avec la date associée à la théorie.**

Il faut bien **comprendre la méthodologie** de la dissertation en macroéconomie, qui est différente des autres. Il faut également comprendre la méthodologie pour une colle – en particulier, la méthodologie de l'introduction, qui est très importante.

Au fur et à mesure des devoirs, créez-vous un dossier « Conseils » et relisez-le avant le devoir suivant.

Faites des introductions sur des sujets simples pour bien intégrer l'importance de sa méthodologie et faites-les corriger par votre professeur.

▪ En aval

Relisez votre copie avec les commentaires de votre professeur et essayez de comprendre ce qu'il a voulu dire. Il faut adopter une vraie démarche d'humilité et **être juste avec soi-même.**

Faites-vous un dossier « Conseils » avec ce qui n'a pas fonctionné dans votre dissertation et que vous devrez améliorer. À chaque conseil, notez également quelles sont les solutions pour gommer vos lacunes. Par exemple : « Conseil : écrire avec moins de fautes d'orthographe. Solution : faire des exercices dans le Bescherelle. »

Suite à une colle, **essayez de refaire un plan avec les conseils qui vous ont été donnés.**

Mathématiques

▪ Pour préparer les Écoles de commerce

Les mathématiques sont très importantes pour Tremplin, et optionnelles pour Passerelle. Pour le concours Tremplin, le test TAGE MAGE comporte une partie de calculs. Quant au concours Passerelle, vous avez la possibilité de choisir comme option l'épreuve « Calcul et raisonnement ». Certes, les cours de mathématiques de la Prépa ENS ne préparent pas aux épreuves de concours d'Écoles de commerce, mais ils constituent un bon moyen d'entraînement. Ne vous inquiétez pas : entre les exercices à faire en classe ou chez soi et les colles à préparer, vous serez bien entraîné(e) à résoudre des problèmes mathématiques rapidement.

▪ Pour préparer l'ENS

Vous pouvez vous référer à la rubrique « Mathématiques » des Prépas Écoles de commerce (ci-dessus).

Gestion-comptabilité

▪ Pour préparer les Écoles de commerce

Avec les cours de gestion-comptabilité en Prépa ENS, vous pouvez vous préparer au mieux aux concours Passerelle, si vous désirez choisir l'option « Gestion-comptabilité ». **Les cours de première année vont vous donner les bases, et vous préparer pour les cours de la deuxième année, qui sont beaucoup plus étoffés.** Les colles sont là pour vous préparer aux épreuves du concours et vous obligeront à rester à jour sur le programme. Toutefois, un effort personnel est nécessaire : vous devez, en plus du cours, refaire régulièrement les exercices. Si vous ne négligez pas ce cours, l'option « Gestion-comptabilité » de Passerelle pourra être un de vos plus grands atouts afin d'intégrer l'École de vos rêves.

▪ Pour préparer l'ENS avec l'option « Gestion-comptabilité »

En gestion, vous avez plusieurs thèmes tout au long des deux années de Prépa, qui tous ne se travaillent pas de la même façon. De manière générale, la méthodologie de travail pour la comptabilité financière, l'analyse financière et la comptabilité de gestion, est la suivante :
- lire le cours + faire les exercices avant d'aller en cours ;
- en cours, bien prendre les corrections, participer et poser des questions ;
- faire des fiches de définitions pour chaque chapitre car vous en aurez besoin au concours ;
- faire des fiches récapitulatives des chapitres.

En comptabilité financière, ce qui vous fait progresser, c'est de faire et refaire les exercices.

En comptabilité de gestion et analyse financière, vous allez réussir grâce à la pratique, mais surtout grâce à une méthodologie de résolution des problèmes que vous développerez à l'aide de votre professeur et d'une bonne connaissance du cours.

En théorie des organisations et stratégie, il s'agit de pouvoir expliquer les concepts des théoriciens et donc de les comprendre. Vous devrez en faire des fiches.

Histoire des faits économiques

▪ Pour préparer les Écoles de commerce

La méthodologie de travail est assez similaire à celle évoquée en AMPE. Le contenu change. **Il s'agit ici d'avoir une connaissance bien précise du cours et de pouvoir le mettre en perspective face à un sujet donné.**

La méthodologie de travail est la suivante :

Pour chaque cours, il est conseillé de lire le polycopié pour poser des questions au professeur.

Vos fiches doivent être de deux natures différentes : chronologiques et thématiques, et vous devez les commencer dès l'instant où vous recevez votre cours.
– **Fiches chronologiques.** Première Guerre mondiale, 1918-1929, crise de 1929, 1929-1939, Seconde Guerre mondiale, Trente Glorieuses, chocs pétroliers, 1980-2000 ;
– **Fiches thématiques.** Elles doivent recouvrir tout le XXe siècle sur le thème en question : marchés financiers, évolution du commerce international, marché du travail, évolution de la politique de relance, etc. **Il s'agit des grandes orientations que votre professeur vous donnera pour travailler vos colles.** En plus, vous pourrez vous aider de livres d'histoire des faits économiques, facilement identifiables en bibliothèque universitaire.

Entretien ENS

L'entretien est une matière qui vous sera totalement bénéfique. C'est le moment d'enrichir au maximum votre culture générale. **D'ailleurs, tout ce que vous allez acquérir au travers de la matière entretien vous sera utile car cela servira également pour d'autres matières.** C'est un exercice qui demande de la réflexion : étudiez bien la méthodologie et n'oubliez pas que chacune de vos idées et chacun de vos arguments doivent être explicités de façon approfondie et illustrée. **Cette matière fait appel à votre curiosité et à votre investissement** pour enrichir votre culture générale. Vous pouvez donc :
– **suivre l'actualité :** vous pourrez vous en servir en guise d'accroche ou pour l'illustration d'arguments, par exemple ;
– **lire des livres pour avoir de bonnes références** (ils peuvent être très variés : livres historiques, philosophiques, biographiques, d'économie ou de sociologie, etc.) ;
– pour ceux qui ne lisent pas beaucoup, **écouter des podcasts**, par exemple ceux de France Inter, ou **regarder des documentaires** (ARTE deviendra votre meilleur ami) ;
– **établir un thème/sujet et faire des fiches dessus avec des références littéraires ou philosophiques liées**, des arguments pour/contre, des dates clés, les enjeux relatifs au sujet…

Langues : Passerelle, Tremplin, EDHEC, ENS

Les langues ont une place considérable pour vous aux concours des Écoles de management, car étant un(e) élève issu(e) d'une Prépa ENS, vous avez obtenu un enseignement intensif en langues, notamment avec les colles, ce qui n'est pas le cas de vos concurrents. C'est donc le moyen de vous démarquer. **Afin d'être prêt(e) le jour J, il faut effectuer un**

travail régulier, notamment en deuxième année. Les épreuves sont scindées en deux parties : les écrits (thème/version pour l'EDHEC, TOEIC ou QCM pour Passerelle, Tremplin, SKEMA) et les oraux à partir d'un article de presse, d'une vidéo ou d'un document audio.

▪ Se préparer aux écrits

Lisez un à deux articles d'actualité en anglais ou allemand/espagnol par jour. Veillez à lire ces articles d'une traite, sans vous arrêter sur les mots dont vous ne connaissez pas la signification. **Lisez l'ensemble de l'article car, parfois, les mots que vous n'aviez pas compris prennent tout leur sens grâce au contexte.** Le style journalistique de la langue ciblée vous sera progressivement de plus en plus familier. Faites aussi régulièrement des points grammaire. Pratiquez au travers d'exercices afin de maîtriser chaque notion. **Le travail sur la grammaire est un travail conséquent mais absolument nécessaire pour les concours.** De plus, n'hésitez pas à faire des fiches de vocabulaire par thème. Cela va s'avérer indispensable au vu de la variété de vocabulaire qu'on peut vous demander de connaître selon chaque concours (domaine du travail/business pour le TOEIC, vocabulaire relatif à l'économie et l'actualité pour l'EDHEC...).

▪ Se préparer aux oraux

Afin d'améliorer votre aisance orale, la fluidité de votre discours ainsi que votre accent, écoutez des enregistrements audio, des podcasts, regardez des séries, des films... Pour les langues plus difficiles d'accès, comme l'allemand, il faut :
– commencer par **regarder une série (ou un film) que vous avez déjà vue auparavant et que vous avez donc déjà comprise** ;
– **la regarder une nouvelle fois**, mais en allemand cette fois-ci, pour vous habituer à entendre la langue, à la rapidité des dialogues et à la prononciation ;
– **une fois que vous vous sentez plus à l'aise, commencer à regarder des séries** que vous ne connaissez pas, avec les sous-titres en allemand ;
– puis, quand vous vous sentez prêt(e), enlever les sous-titres.

Il faut également **faire des fiches de civilisation**, notamment pour l'ENS, où **une connaissance précise est attendue** : par pays anglophones et par thèmes abordés en Prépa.

Géopolitique : concours Passerelle

Il n'y a pas de cours de géopolitique en Prépa ENS vous préparant à cette option au concours Passerelle, **mais il existe d'autres moyens de vous y préparer différemment. L'épreuve de géopolitique repose principalement sur de la culture générale**, c'est pourquoi vous devez rester au courant de l'actualité. Cela va non seulement vous préparer au concours, mais aussi vous aider à réussir vos colles telles que celles de **méthodologie** ou de macroéconomie. Pour vous aider dans vos révisions, n'hésitez pas à lire : de nombreux livres de géopolitique sont disponibles sur le marché à des prix abordables.

Synthèse : concours Passerelle, Tremplin et EDHEC

La synthèse de textes est un exercice d'analyse et de rédaction. Il va falloir adopter une certaine manière de lire ces articles pour en sortir efficacement la thèse principale et faire des liens entre les articles. Elle est une épreuve des concours Passerelle, Tremplin et de l'EDHEC. **Les méthodologies et attentes des correcteurs sont toutes les trois différentes.** L'élément principal pour une synthèse réussie est de **bien maîtriser la méthodologie** :

– il faut, en premier lieu, bien étudier les méthodologies de chaque concours ;

– il faut également être irréprochable sur la grammaire et l'orthographe ; donc, si vous avez des lacunes, c'est le moment de ressortir le Bescherelle ;

– lisez quelques corrigés ou bonnes copies pour vous faire une idée. Attention, les plans proposés en correction ne sont pas les seuls possibles ;

– commencez la pratique vers décembre.

Pas de panique, ne pas avoir fini sa synthèse dans les temps la première fois est normal ! Vous allez vite comprendre, au fur et à mesure, là où vous avez mis trop de temps et donc ce qu'il faut travailler pour être plus rapide. **Pour améliorer la qualité et le contenu de votre synthèse, lisez les rapports de jury qui vous éclaireront sur les attentes des correcteurs**, et comparez vos copies avec celles de vos camarades et avec les corrigés.

À noter : la lecture des textes peut prendre beaucoup de temps, il faut impérativement s'entraîner à la lecture rapide.

Pour progresser dans ces épreuves, consultez le site de Mister Prépa régulièrement !

Mes notes

....

....

....

....

....

....

....

....

....

....

Conclusion

Vous voilà paré(e) pour bien appréhender l'ensemble de votre Prépa, peu importe votre filière. Pour finir, nous tenions tous, chacun et chacune d'entre nous, à vous souhaiter tous nos vœux de réussite. Gardez en tête que la classe préparatoire est difficile, certes, mais personne ne regrette d'en avoir fait une, tant l'apport est conséquent sur tous les plans.

Vous devez donc retenir que vos cours sont primordiaux, bien entendu, que le contenu est très important, mais la maîtrise des méthodes l'est au moins autant ! Il est donc temps de vous exercer, encore et encore ! Le travail est important, mais il ne faut pas négliger l'organisation, la rigueur et surtout la confiance en soi. Nous sommes présents tous les jours sur l'ensemble de nos réseaux sociaux pour répondre à toutes vos interrogations. Ne lâchez rien et donnez le meilleur de vous-même pour n'avoir aucun regret.

L'équipe Mister Prépa

Mes notes

Crédits iconographiques

p. 17, 18, 24, 28, 54, 56, 67, 69, 71, 76 (h), 80, 83, 104, 108, 113, 116, 117, 139, 142 © HEC Paris
p. 19, 41, 48, 49, 77, 88, 96, 134 © ESCP
p. 20, 29, 58, 82, 112 © NEOMA Business School
p. 21, 25 (h), 40, 51, 70, 74, 97 (h), 111, 128, 131, 140 © ESSEC Business School
p. 22, 25 (b), 26 (d), 37, 46, 68, 75, 76 (b), 105, 136 © EMLYON Business School
p. 26 (d), 34, 92 © SCIENCES PO
p. 30, 41, 57, 81 © AUDENCIA
p. 31, 100 © GRENOBLE Ecole de Management
p. 35, 45, 52, 87, 90, 94, 95, 101, 107, 118, 129, 130 © EDHEC Business School
p. 39, 43 © SKEMA Business School
p. 97 (b) © KEDGE Business School

Achevé d'imprimer en décembre 2021
sur les presses de la Nouvelle Imprimerie Laballery
58500 Clamecy
Dépôt légal : janvier 2022
N° de projet : 10277616 - N° d'impression : 110857

Imprimé en France

La Nouvelle Imprimerie Laballery est titulaire de la marque Imprim'Vert®